FERRET 1973

LES
ARMÉES IMPROVISÉES

PAR

le Vicomte de CIVRY

« Une nation ne manque jamais
d'hommes, même après les guerres
les plus désastreuses; mais elle manque souvent de soldats. »

NAPOLÉON Iᵉʳ.

PARIS

LIBRAIRIE MILITAIRE DE J. DUMAINE
LIBRAIRE-ÉDITEUR
L. BAUDOIN & Cⁱᵉ, Successeurs
30, RUE ET PASSAGE DAUPHINE, 30

—

1882

LES

ARMÉES IMPROVISÉES

DU MÊME AUTEUR

Un Engagement de cavalerie. — **Combat de Buzancy** (27 août 1870).

La camisade d'Étrépagny (29 novembre 1870).

Le duc de Chartres, colonel du 12ᵉ régiment de chasseurs.

Sedan et Iéna. Grands désastres et grands exemples.

SOUS PRESSE :

Histoire de la campagne de 1870-1871.

Paris. — Imprimerie L. BAUDOIN et Cᵉ, rue Christine, 2.

LES
ARMÉES IMPROVISÉES

PAR

le Vicomte de CIVRY

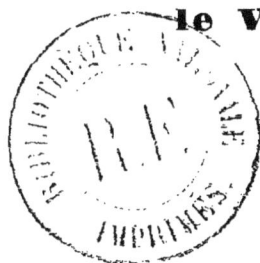

« Une nation ne manque jamais
d'hommes, même après les guerres
les plus désastreuses; mais elle manque souvent de soldats. »

NAPOLÉON Iᵉʳ.

PARIS
LIBRAIRIE MILITAIRE DE J. DUMAINE
LIBRAIRE-ÉDITEUR
L. BAUDOIN & Cᵉ, Successeurs
30, RUE ET PASSAGE DAUPHINE, 30

—

1882

PRÉFACE

Il y a des peuples et des époques que la foudre elle-même frappe sans les éclairer.

Quand la tempête est passée, tous ceux qui ne sont pas morts se relèvent et regardent étonnés, sans savoir pourquoi ils sont tombés.

C'est ce qui est arrivé trop souvent à la France depuis **92**. C'est ce que tout observateur sérieux a pu constater après le cataclysme de 1870 et de 1871.

Lorsque les survivants ont eu fini d'enterrer et de pleurer leurs morts, lorsque les maçons eurent réparé les murs ébréchés et effacé la trace des boulets, avant même que toutes les ruines fussent enlevées ou relevées, les beaux parleurs se sont fait une tribune de toutes les pierres qu'ils trouvaient sous leurs pieds, et se sont mis à célébrer les innombrables merveilles du progrès, les incomparables supériorités du siècle et les inénarrables grandeurs de la République.

Au milieu de cet assourdissant concert de congratulations et de louanges, il nous a paru qu'il était opportun, pour tous ceux qui ne sont pas des aveugles volontaires et qui ont encore quelque souci de la patrie, de mettre en lumière l'une des causes capitales de nos derniers désastres.

Elle n'est pas la seule assurément : elle appartient à l'ordre militaire, et les causes primordiales de nos défaites appartiennent à l'ordre moral, à l'ordre social et à l'ordre politique.

Mais cette cause a une profonde affinité avec cet esprit d'orgueil et de révolte qui regarde comme une humiliation et une dégradation toute discipline, toute obéissance, toute abnégation du *moi* individuel devant une autorité légitime et devant un devoir public.

Dans les jours d'utopies que nous traversons, les grands docteurs de l'avenir ont commencé par dire :

Une Religion immuable est un conte de fées ;

Un Gouvernement durable est un fétiche d'esclaves ;

Une Magistrature inamovible est un préjugé d'ancien régime.

Ils ont ensuite ajouté :

Une Armée permanente est un reste de féodalité.

Et les jeunes thuriféraires de la nouvelle France, s'unissant aux admirateurs édentés de la garde nationale, s'évertuent à démontrer qu'il est aussi facile d'improviser une armée qu'une émeute.

Pour réfuter ce sophisme qui, s'il venait à triompher, serait la mort de la patrie, rien ne pouvait être plus concluant, plus saisissant, plus écrasant, que le simple tableau de ce qu'ont pu faire, en ce siècle de révolutions, les bataillons de volontaires et les armées improvisées.

Telle est la pensée qui a inspiré ces pages, rapides mais scrupuleusement exactes.

Afin que cette démonstration par les faits fût plus puissante et plus complète, elle n'a pas été limitée à la France seule : elle a été étendue à l'Allemagne, à l'Angleterre et à l'Espagne.

Vicomte ULRIC-GUELFE DE CIVRY.

Paris, ce 25 mars 1882.

I

LES VOLONTAIRES DE 1792

I

Les Volontaires de 1792.

Infandum, regina, jubes renovare dolorem!

Le lendemain de Sedan, la France n'avait plus d'armée capable de la défendre avec un sérieux espoir de succès.

L'armée de Metz, après de glorieuses mais stériles tentatives, était condamnée à un blocus sans issue : elle se trouvait cernée de toutes parts et n'avait plus aucun corps français à qui elle pût donner la main par une vaillante sortie.

Celle de Paris se trouvait également isolée et ne pouvait, de longtemps, espérer du dehors un secours efficace.

Il restait, il est vrai, la glorieuse et fantastique légende des volontaires de 92, de ces républicains, qui, sans souliers, sans pain et presque sans armes, avaient tenu tête à l'Europe entière.

Avec cette légende et les trois millions d'hommes que la France pouvait armer, c'en était plus qu'il n'en fallait, croyait-on, pour rejeter les Prussiens au delà du Rhin ou les anéantir jusqu'au dernier.

Hélas! la brutale réalité ne tarda pas à donner un cruel démenti à cette héroïque légende qui, pendant trois quarts de siècle, a couru jusque dans le dernier village de France, qui a servi de thème oratoire à tous les flatteurs du peuple et qui, à l'heure du péril, a trompé jusqu'aux plus loyaux serviteurs du pays.

Il est temps de vérifier de sang-froid cette légende qu'admettent étourdiment ceux qui, sans plus d'examen, repoussent et nient l'Évangile.

C'est aujourd'hui un devoir d'en faire justice, afin que, dans l'avenir, elle n'engendre plus de désastres semblables à ceux de 1870 et de 1871.

C'est cette légende qui a empêché la France d'avoir, comme

l'Allemagne, une armée toujours prête à aborder l'ennemi, une armée disciplinée, instruite et capable de ne se laisser surprendre par aucune attaque, si formidable qu'elle soit.

C'est cette légende qui a paralysé le maréchal Niel, quand il voulait organiser et mettre sur pied cette armée territoriale qui, deux ans plus tard, eût pu sauver la France.

C'est cette légende qui faisait dire au républicain Charrier à la tribune de la Législative :

« Qu'est-ce que l'armée? c'est la France entière : tous les
« citoyens sont l'armée. Pourquoi donc recruter une armée qui
« gruge le pays? Le tocsin sonnant, tous les patriotes seront
« sous les armes. »

On a vu si le tocsin a suffi en 1870 pour mettre en fuite l'étranger, quand il a envahi la moitié de la France.

Il reste à voir ce qu'ont réellement fait les volontaires de 1792.

Fous sont ceux qui croient que les armées de 92 étaient une soudaine agglomération de soldats improvisés, de soldats sortis de terre à la voix de la République.

Les soldats qui ont remporté les victoires de la République étaient les soldats de la royauté, formés, instruits, disciplinés, par les élèves et les successeurs de Turenne, de Condé, de Luxembourg et de Villars.

Les officiers seuls furent changés, et, si nouveaux, si jeunes qu'ils fussent, ce n'est pas Robespierre qui leur avait enseigné l'art de la guerre.

Napoléon était un élève de l'école royale et militaire de Brienne, et, pas plus que lui, Dumouriez (1), Biron (2), Lückner (3), Kellermann (4), Hoche (5), Marceau (6), Auge-

---

(1) Débute comme cornette de cavalerie au *Régiment d'Escars* et conquiert ous ses grades jusqu'à celui de maréchal de camp sous la royauté.

(2) Armand de Gontaut, duc de Biron, débute, sous le titre de *duc de Lauzun*, aux *Gardes-Royales*, régiment de son oncle, le maréchal duc de Biron ; est nommé général par Louis XVI.

(3) Ancien officier prussien, entré au service de France avec le grade de lieutenant général; est nommé maréchal de France par Louis XVI.

(4) Débute, comme cadet, au *Régiment de Lowendhal*; conquiert la plupart de ses grades au *Royal-Bavière*, est nommé maréchal de camp par Louis XVI.

(5) Débute aux *Gardes-Françaises*; était lieutenant au *Régiment de Rouergue* à la chute de Louis XVI.

(6) Débute, à 15 ans, au *Régiment de Savoie-Carignan*; était chef de bataillon à la chute de Louis XVI.

reau (1), Desaix (2), Pichegru (3), Macdonald (4), Championnet (5), Jourdan (6), Murat (7), Davout (8), Kléber (9), Custine (10), Sérurier (11), Victor (12), Moncey (13), n'avaient appris à manier les armes au pied de la guillotine.

Voilà les généraux de la République ! Ils ne sont pas, ainsi que des historiens complaisants et peu scrupuleux ont cherché à l'établir, devenus des hommes de génie du jour au lendemain, par le seul fait d'avoir quitté la basoche ou la boutique pour l'armée, d'avoir troqué des épaulettes de laine contre des épaulettes d'or, d'avoir ceint un grand sabre traîné avec fracas, et de s'être coiffé d'un chapeau à panache tricolore.

Ce déguisement a produit, il est vrai, une collection nombreuse de généraux ineptes qui, trop souvent, ont compromis les opérations, fait massacrer leurs hommes, et dont les noms doivent rester dans l'obscurité où le juste mépris de l'histoire les a enfouis.

Pour quelques-uns cependant l'exception est permise ; car on ne saurait trop clouer au pilori de l'opinion publique leurs

---

(1) Débute, en 1774, au *Régiment de Bourgogne-Cavalerie,* puis passe aux *Carabiniers-Royaux.*

(2) Elève de l'Ecole militaire et royale d'Effiat ; débute comme sous-lieutenant au *Régiment de Bretagne.*

(3) S'engage dans l'artillerie et devient répétiteur de mathématiques à l'Ecole royale et militaire de Brienne où il donna des leçons à Bonaparte et où la Révolution vint le chercher.

(4) Débute, comme cadet, au *Régiment de Dillon* ; était capitaine au 87e-*Infanterie,* lors de la Révolution.

(5) Débute, à 15 ans, aux *Gardes-Wallonnes* ; est nommé capitaine au *Régiment de Bretagne* par Louis XVI.

(6) Débute au *Régiment d'Auxerrois* ; est nommé colonel de ce régiment par Louis XVI.

(7) Elève du séminaire de Toulouse, puis officier aux *Chasseurs des Ardennes* (12e de chasseurs) ; avait six ans de grade de capitaine lors de la Révolution.

(8) Condisciple de Bonaparte à l'Ecole royale et militaire ; officier au *Régiment de Champagne — Cavalerie* (12e de chasseurs).

(9) Elève à l'Ecole militaire et électorale de Munich ; officier, au service d'Autriche, dans le régiment *Prince de Kaunitz.*

(10) Militaire depuis 1747. Entré dans l'armée, comme sous-lieutenant, au *Régiment de Saint-Chamons.* Lieutenant général à la mort de Louis XVI.

(11) Enseigne au *Régiment de Mazarin,* en 1763. Major à la chute de Louis XVI.

(12) Embrasse l'état militaire en 1781. Officier au 4e *Régiment d'Artillerie* à la mort de Louis XVI.

(13) Engagé, à 15 ans, dans le *Régiment de Conti* ; officier à la mort du Roi.

odieux souvenirs, tels sont : — Henriot, Ronsin, Rossignol et Santerre.

Quant aux soldats improvisés, quant aux invincibles volontaires, quant aux fameux bataillons de fédérés, aucun doute n'est possible après le jugement unanime et sans appel qu'en ont porté leurs chefs et leurs contemporains.

Ce jugement est consigné dans les Archives du ministère de la guerre, et chacun peut y consulter le volumineux et écrasant dossier de ces prétendus vainqueurs de l'Europe.

Il suffit d'en citer ici trois ou quatre extraits suffisamment éloquents.

A l'armée du Rhin, le général Biron écrivait au citoyen Servan, nommé ministre de la guerre par la Législative :

« En m'envoyant ces volontaires nationaux, c'est absolument « m'ôter tous moyens de défense, en doublant ceux de consom- « mation. J'AI DÉJA BEAUCOUP TROP DE CEUX QUI MANGENT, ET BEAU- « COUP TROP PEU DE CEUX QUI SERVENT. » (9 *septembre* 1792).

A l'armée de la Moselle, le général Beurnonville, qui aimait cependant la fanfare républicaine et la popularité, écrivait au citoyen Pache, ministre de la guerre, appelé le *Grand-Juge* par les Hébertistes :

« La désertion des volontaires est telle qu'une compagnie, ce matin, était réduite à 1 sous-lieutenant et 1 sergent. » (27 *novembre* 1792).

Deux jours après, il écrivait de nouveau au même citoyen Pache :

« Il n'y a pas de jours, depuis que je suis en marche, où il « ne déserte 100 et 150 volontaires; enfin, je n'en excepte pas « même les officiers. Si cela continue, il est bien probable que je « n'arriverai qu'avec mes troupes de ligne devant Trèves. » (29 *novembre* 1792).

Le général Duhause, chef des fédérés écrivait au citoyen ministre Servan :

« Six cents volontaires viennent de me dire : « *Nous ne voulons* « *pas camper, nous ne voulons pas de riz, nous ne voulons pas de* « *pain de munition; nous voulons du pain blanc* (1), *nous voulons*

(1) Au sujet de cette nourriture des camps, voici un mot bien juste du duc de Wellington : « Là où une armée française a le nécessaire, une armée espagnole est dans l'abondance et une armée anglaise meurt de faim. »

La sobriété est une grande qualité pour les troupes, mais les chefs de corps doivent, autant que possible, éviter de la mettre à l'épreuve. On a fait des

« *vingt sous par jour, ou nous ne servirons pas...* » *...* Point d'o-
« béissance, point de commandement; vos volontaires avec
« volonté ne peuvent servir à rien. »

La lettre suivante du général Neuilly à Dumouriez, à la suite de
la bataille de Nerwinde, complète le tableau :

« *...* A leur arrivée au rendez-vous, les volontaires n'ont
« observé aucun ordre de bataille, ils ont dansé à cris bruyants
« au lieu d'observer le silence qu'exigeait leur mission, jusqu'au
« moment où un corps de 400 chevaux et environ 200 fantassins,
« plutôt disposés à se rendre et à se sauver eux-mêmes qu'à se
« battre, les ont mis définitivement en déroute... Il est parti
« pour Paris une députation de ces fuyards du champ de bataille
« pour dire qu'on les a trahis, cri qu'ils ont fait entendre partout
« où ils ont passé... » (*Dépôt de la guerre*).

Quel abîme entre cette peinture prise sur le vif et la légende
créée moitié par la vanité nationale, moitié par l'esprit de parti !

Voici, enfin, le jugement le plus favorable et le plus modéré
que porte de ces trop célèbres volontaires un patriote non suspect, l'adjudant-général Vieusseux :

ARMÉE DU RHIN. — *Camp de Neukirch, 15 mai 1792.*

« *...* Le volontaire a bien ce courage du moment, fruit de
« l'impétuosité, de la vivacité nationales ; mais, passé le premier
« instant de fougue, le découragement succède et se propage
« avec une rapidité qui n'a pas d'exemple ailleurs. Il lui manque
« toujours ce courage froid et réfléchi, ce calme dans le danger,
« cette patience qui surmonte les difficultés et reste à l'épreuve
« des obstacles... » (*Dépôt de la guerre*).

Les rapports de tous les officiers généraux sont d'accord pour
flétrir la conduite générale de ces prétendus patriotes, et invariablement ils se terminent par ces mêmes mots :

« Surtout ne m'envoyez pas de volontaires ! »

Quoi de plus accablant pour la routine déclamatoire, qui

---

expériences sur l'effet du régime abondant et carnivore. Des militaires français
qui faisaient deux fois moins d'étapes que des militaires anglais ont été nourris
de viande rôtie. Au bout de trois mois, leur capacité de résistance, c'est-à-
dire leur puissance de tension musculaire, avait doublé. Le maréchal Bugeaud
disait aussi en connaisseur : — « Donnez-moi cent hommes ayant bien déjeuné
« et je me chargerai toujours d'en battre mille à jeun. » — Ces lignes ne justifient en rien la conduite des volontaires. Ils devaient se soumettre, car, si on
leur donnait peu, c'est que l'on avait peu.

glorifie sans cesse l'anarchie, que tous ces rapports se corroborant?...

« Les volontaires ne veulent s'assujettir à aucune discipline,
« ils sont le fléau de leurs hôtes et désolent nos campagnes.

« Nos volontaires sont toujours nus; à peine un soldat a-t-il
« des souliers qu'il va les vendre; il en est qui vendent jusqu'à
« leurs habits, leurs fusils, brûlent leur poudre et insultent
« leurs concitoyens..; l'esprit de cupidité fait tout, perd tout, et
« l'honneur n'est plus rien...

« Quant à nous, citoyens nos collègues, il nous est impossible
« de soutenir le spectacle de semblables désordres, et nous vous
« prions de nous faire rappeler au sein de la Convention le plus
« tôt possible. »

Qui a signé ce document?

Deux membres de la Convention délégués, en 1793, aux armées
du Nord; et l'un de ces deux conventionnels s'appelait... Carnot!

Oui! c'est Carnot qui, en une série de rapports, envoyés du
mois d'avril au mois de juin 1793, constatait, en ces termes
énergiques, l'inutilité et l'avilissement de ces volontaires si encensés par la rhétorique révolutionnaire.

Beaucoup d'autres voix s'unissent à cette grande voix, et
forment comme une sorte de clameur, entendue de tous, sauf
des Thiers, Louis Blanc, Victor Hugo, Michelet, Duruy, Henri
Martin, etc., qui, depuis un demi-siècle, trompent la France,
mentent à l'histoire, avec cette vieille légende des volontaires
foudre-de-guerre.

Les généraux, les chefs, les officiers, les commissaires, tous
ceux, enfin, qui ont vu les choses de près et qui, à l'encontre
des démocrates bouffis d'orgueil, ne se paient pas de mots,
dévoilent les mêmes défaillances, les mêmes hontes, les mêmes
turpitudes.

Les forcenés, les niais, continuent à insulter l'armée, à chanter
les louanges des volontaires, à réclamer la levée en masse, à
hurler dans les clubs et dans les cabarets; mais les hommes
sérieux et dévoués à la France commencent à reconnaître la non-
valeur des soldats d'un jour.

Après Carnot, la Convention a entendu Kellermann et Dubois-
Crancé.

C'est l'évidence qui parle dans leur patriotique langage,
« mais l'évidence même est suspecte à un peuple frappé de
folie. Il y a des heures où le bon sens est un crime. Comment

faire prévaloir des vérités d'expérience et de raison quand la populace est hébétée par les déclamations furieuses, quand le ministre de la guerre s'appelle Bouchotte ou Ronsin, quand les plus vils démagogues envoient à la guillotine des généraux victorieux (1)? »

Cependant, peu à peu, malgré les échafauds de Custine et de Biron, les plaintes des Carnot, des Kellermann, des Beurnonville, des Dubois-Crancé, des Merlin (de Douai), des Gasparin, des Schérer, de vingt autres encore, finissent par dominer les stupides clameurs.

Il n'y aura bientôt plus ni bataillons de volontaires ni levées en masse.

La Convention, malgré les Jacobins, a décrété l'*embrigadement*; le travail de restauration militaire s'accomplit de mois en mois.

C'est le Directoire qui rétablit les brigades; c'est le premier Consul qui refait les régiments.

La vieille tradition d'honneur qui a été la force de l'ancienne France se retrouve associée aux principes de la France nouvelle, sous le drapeau d'Arcole et de Marengo.

Napoléon, mieux que personne, savait à quoi s'en tenir sur ces volontaires nationaux, soi-disant représentants de l'enthousiasme de la patrie, qui furent constamment, à Valmy, à Jemmapes, à Nerwinde (2), l'embarras, le malheur et le péril des intelligentes combinaisons de Dumouriez.

Aussi lui suffit-il de deux lignes pour résumer toute leur histoire :

« Les gardes nationales vont à l'ennemi, il est vrai, mais « elles en reviennent toujours bien plus vite (3). »

Des ignorants ont écrit que les armées de 1792 avaient eu une nouvelle tactique qu'elles opposèrent à la tactique prussienne, établie par le grand Frédéric et adoptée, perfectionnée, par les armées de toute l'Europe. Ils ont répété à satiété que cette nouvelle méthode était le résultat de l'enthousiasme révolutionnaire.

---

(1) Saint-René Tallandier.
(2) A Nerwinde, l'armée française, bien que, ayant tenu le terrain où elle avait lutté, subit un grave échec, grâce aux volontaires nationaux qui plièrent partout, après avoir, par leur folle exaltation, mis le désordre dans les lignes.
(3) Correspondance de Napoléon Ier. Lettre au Prince Eugène.

Rien n'est plus faux, rien n'est plus absurde, que de chercher à prétendre que l'exaltation révolutionnaire a pu créer une méthode quelconque.

A toutes les époques, l'exaltation révolutionnaire a engendré l'anarchie, la confusion, le chaos, le déshonneur, la folie, mais elle n'a, certes, jamais, à l'heure des grands périls, produit d'autre méthode que celle du « *sauve qui peut!* »

En effet, toutes ces troupes improvisées, toutes ces bandes levées à la hâte, sentant elles-mêmes leur peu de solidité, n'abordent jamais le champ de bataille qu'avec une tremblante hésitation ou une factice exaltation qui, toutes deux, aboutissent presque toujours au même résultat : — le désordre et l'impuissance.

Bien qu'on puisse assurément citer des exploits isolés, des faits pris çà et là, mais qui généralement sont sans importance militaire, tout homme de bonne foi reconnaîtra qu'il n'a presque jamais été possible à des troupes irrégulières de vaincre des troupes régulières, même avec une supériorité numérique de dix contre un.

Certes, sous l'impulsion des grandes passions politiques et religieuses, les plus ardentes dans leur enthousiasme, de mémorables combats furent vaillamment offerts et soutenus par des volontaires.

On peut mettre au premier rang ceux que les Écossais livrèrent, pour rendre aux Stuart la couronne que la Révolution de 1688 leur avait enlevée.

Ils remportèrent à un moment les victoires de Preston-Pans, de Falkirk et de Cliftonmoor, mais ils ne purent s'opposer au désastre final de la journée de Culloden, qui fut la ruine du prétendant Charles-Édouard et l'irrévocable triomphe de la Maison de Brunswick.

Lors de la guerre vendéenne, les Lescure, les La Rochejaquelein, les Bonchamps, les Stofflet, les d'Elbée, les Charette, les Cathelineau et les d'Autichamp, eurent aussi quelques brillants succès parce qu'ils avaient l'héroïsme de la foi, parce qu'ils combattaient pour Dieu en même temps que pour le Roi, mais ces succès mêmes furent de courte durée.

Ils se sont évanouis devant l'organisation plus sérieuse, les opérations méthodiques et les attaques latérales ou tournantes des généraux républicains auxquels ils ne purent résister.

II

FRÉDÉRIC GUILLAUME,

DUC SOUVERAIN DE BRUNSWICK

II

Frédéric-Guillaume,

Duc Souverain de Brunswick.

Le plus illustre exemple de ce que peut tenter un corps de volontaires contre l'envahisseur de la patrie, c'est, sans contredit, celui de Frédéric-Guillaume, Duc Souverain de Brunswick, contre Napoléon.

Chef de la première race militaire de l'Europe, de cette race qui, après avoir lutté contre Charlemagne, avait porté sa couronne impériale, de cette race qui avait possédé presque toute l'Allemagne et qui avait combattu pendant dix siècles, il se trouvait tout à coup sans trône et sans patrie, n'ayant plus que son épée.

Mais son épée, c'était celle que son père portait à Iéna, quand il livrait son dernier combat au vainqueur d'Austerlitz, après avoir été le plus glorieux compagnon d'armes de Frédéric le Grand; c'était celle qui, dans la main de l'Empereur Othon de Brunswick, avait combattu Philippe-Auguste à Bouvines; c'était celle qui, dans la main de Henri-de-Lion, avait lutté contre Frédéric Barberousse; c'était celle qui, dans la main de Witikind, avait défendu l'autonomie germanique contre le grand Empereur des Francs; c'était celle, enfin, qui, dans la main d'Odoacre, avait porté le dernier coup à l'empire romain.

A l'indomptable vaillance que le Prince proscrit puisait dans son sang, venait s'ajouter toute l'énergie du désespoir que lui inspiraient les malheurs de sa famille et de sa patrie.

Ses cheveux et sa barbe avaient blanchi en une nuit, quand son père, rapporté sanglant du champ de bataille d'Iéna et obligé de fuir sur une civière, alla mourir loin de son pays dans une bourgade perdue.

Le lendemain, il avait vu ses États, ses palais, son berceau, tomber aux mains de celui qui avait dit :

« La Maison de Brunswick a cessé de régner. Que le Duc de Brunswick aille chercher une autre patrie au delà des mers. Partout où mes troupes le trouveront, elles le feront prisonnier (1). »

Sa mère, veuve éplorée, avait dû aller chercher au delà des mers « cette autre patrie »; ses deux fils (2) encore enfants erraient à travers l'Europe; sa jeune épouse (3) venait de mourir dans les angoisses de la fuite et de l'exil.

Chacune des victoires de Napoléon avait été pour son cœur une inguérissable blessure.

Aussi, de tous les hameaux de l'Allemagne vaincue et de presque tous les trônes de l'Europe, un courant électrique d'admiration et de sympathie s'élança vers lui, lorsqu'on le vit arborer sur son front et sur sa poitrine les os en croix et la tête de mort (4), puis, revêtu de ces insignes de deuil, se mettre à la tête de ses hussards noirs et appeler à la délivrance du sol national tous ceux qui se sentaient encore capables de se lever à la voix d'un Guelfe.

Par l'immense prestige de son nom, de sa vaillance et de ses malheurs, il parvint à recruter dans les diverses principautés de ses États et surtout dans son duché d'Oels, en Silésie, un corps de volontaires prêts à le suivre partout et à donner avec lui jusqu'à la dernière goutte de leur sang.

La victoire de Wagram, venant achever ce que celles d'Aus-

---

(1) *Ordre du jour de Napoléon I*er. — Ce prince, Charles-Guillaume-Ferdinand, duc de Brunswick, qui venait de reprendre l'épée à 72 ans pour défendre ses États menacés, eut les deux yeux labourés par une balle à la journée d'Auërstadt-Iéna. Ramené à Brunswick, il aurait pu vivre avec des soins et du repos, mais il fut obligé de se faire emporter en toute hâte sur l'injonction de son vainqueur qui lui fit savoir qu'il n'avait plus ni trône ni patrie. Le prince, transporté de village en village dans l'effarement et le dénûment d'une véritable fuite au milieu d'un pays envahi, expira à Ottensée, près d'Altona, aux frontières du Danemark, dans des souffrances épouvantables. Entre Auërstadt et Hassenhaussen un monument commémoratif indique aujourd'hui l'endroit où le Duc fut mortellement blessé.

(2) Le duc Charles II, détrôné en 1830 et mort à Genève le 18 août 1873, et le duc Guillaume Ier, actuellement régnant.

(3) La princesse Marie-Elisabeth-Wilhelmine de Bade.

(4) L'uniforme de ces volontaires était noir, la coiffure et la sabretache portaient une tête de mort avec deux os en croix, et les brandebourgs du dolman représentaient les côtes d'un squelette.

terlitz et d'Iéna avaient si triomphalement commencé, ne le découragea pas.

Quand l'Autriche eut déposé les armes, il continua à lutter avec ses « hussards de la mort » contre le nouveau César dont la route ensanglantée était jonchée de lauriers et de couronnes.

A la tête de la petite phalange qu'il électrisait par sa parole et par son exemple, au milieu de l'Allemagne soumise et tremblante, il lutta seul, infatigable, insaisissable, déployant une habileté, une audace et un courage qui arrachèrent des applaudissements à l'Europe entière et qui lui valurent le nom de *Nouvel Arminius* (1).

Après avoir, par une marche des plus savantes et des plus hardies, conduit à travers la Bohême et la Saxe sa poignée de braves qu'on appelait le *Corps Noir;* après avoir pris Dresde, Halle, Leipzig, Leipzig où une sanglante bataille devait, quatre ans plus tard, lui rendre la couronne; après avoir longé, à l'ombre des forêts et des montagnes du Hartz, sa principauté de Blankenbourg; après s'être, au prix d'une lutte corps à corps et de deux chevaux tués sous lui, emparé de Halberstadt et y avoir surpris le plus beau régiment de l'armée Westphalienne (2), il vint camper une nuit aux portes mêmes de Brunswick (3), où Jérôme Bonaparte, devenu roi de ses États, régnait par la grâce et avec les canons de son tout-puissant frère.

Mais cette brillante épopée, si prodigieuse qu'elle fût, ne devait aboutir qu'à une triomphante retraite.

En vain, le petit-fils de Witikind espérait-il que de nouveaux volontaires allaient accourir de tous les coins des pays conquis. La terreur qu'inspirait le nom de Napoléon était si grande qu'elle paralysait le patriotisme lui-même.

Au lieu d'auxiliaires, il vit accourir de tous côtés non-seulement les troupes Westphaliennes du Roi Jérôme, mais les troupes Hollandaises, Danoises et Saxonnes qui étaient devenues les servantes du vainqueur et qui, venant de l'Est, de l'Ouest,

---

(1) Proclamation de l'Empereur de toutes les Russies, Alexandre Iᵉʳ, son beau-frère.

(2) Les splendides équipements qu'il captura avaient coûté 200,000 écus. Le régiment wesphalien était commandé par le Grand Maréchal de la Cour du roi Jérôme en personne.

(3) Mᵍʳ le Duc actuel, Guillaume Iᵉʳ, pour perpétuer le souvenir de ce brillant fait d'armes et par un noble respect filial, a fait ériger un monument près des anciens remparts de Brunswick, sur le lieu même où a bivouaqué son père.

du Nord et du Midi, se hâtaient toutes vers Brunswick pour y cerner le défenseur de l'Allemagne.

Ne pouvant sans folie songer à soutenir un pareil choc, il refusa les offres des fidèles Brunswickois qui voulaient lui ouvrir les portes du palais de ses ancêtres, et ne songea plus qu'à se frayer un passage jusqu'à la Baltique.

A quelques pas de sa capitale (à Œlper, sur l'Ocker) il culbute, avec les 1,500 hommes qui lui restent, les 6,000 hommes du général Reubell qu'il faillit faire prisonnier lui-même; deux jours après, il entre à Hanovre, y prend quatre canons, traverse le Weser et le Grand Duché d'Oldenbourg, détruit les ponts derrière lui, fait une pointe sur Brême, puis, échappant à toutes les forces lancées à sa poursuite; et, feignant par un habile stratagème de se jeter dans l'Ost-Frise, il apparaît tout à coup à l'embouchure du Weser, saisit des vaisseaux marchands dans le port d'Elsfleth, y fait embarquer ses hommes, s'embarque le dernier, et gagne la haute mer après une marche victorieuse de 150 lieues.

Quand l'armée Westphalienne arriva sur le rivage, elle ne put que saluer, de ses salves d'artillerie, le Prince au sombre uniforme qui, huit jours après, débarquait en Angleterre où l'attendait une réception triomphale et d'où il devait bientôt s'élancer vers le Portugal et l'Espagne pour y retrouver et y combattre, avec ses infatigables volontaires, les soldats de Napoléon.

Ce duel à mort entre les deux terribles champions ne devait finir qu'à Waterloo : l'un y perdit la vie; l'autre l'empire du monde.

Voici, dans son éloquente concision, le récit que Lord Byron fit de la mort du héros :

> Within a windowed niche of that high hall
> Late Brunswick's fated chieftain; he did hear
> That sound the first amidst the festival
> And caught its tone with Death's prophetic ear;
> And when they smiled because he deemed it near,
> His heart more truly knew that peal too wel
> Which stretched his father on a bloody bier
> And roused the vengeance, blood alone could quell;
> He rushed into the field, and, foremast fighting, fell.
> BYRON (1).

---

(1) Child-Harold, canto III, stanza XXIII.

Certes, c'était là un chef de volontaires comme il s'en rencontre peu dans un siècle.

Il portait dans son dolman noir la liberté, la gloire, tous les souvenirs et toutes les espérances de la patrie en deuil.

Il était le représentant et le vengeur de tous les peuples conquis, il était le proche parent de tous les rois vaincus.

Ses exploits, chantés par Byron en vers immortels, étaient dignes d'inspirer le Tasse et le Dante.

Et cependant, sous un pareil capitaine, cette légion de volontaires qui, presque tous, étaient de vieux soldats et qui, tous, étaient des héros, ne put arracher un seul pouce de la terre Germanique aux armées régulières qui l'avaient envahie.

III

1813

III

1813.

Napoléon lui-même, quelque incomparable que fut son génie, ne tarda pas à sentir l'impuissance des armées improvisées.

Mil huit cent-treize était arrivé. L'armée qui avait fait la campagne de Russie était restée presque entière ensevelie dans les neiges; le peu qui avait survécu ne formait plus qu'un noyau de vétérans bientôt noyés dans un océan de conscrits.

La France n'avait plus d'anciens soldats, et il fallait de nouveau lutter contre l'Europe.

L'armée qui, en 1792, n'avait vaincu à Jemmapes et à Valmy que grâce aux cadres de l'ancien régime, qui, dès 93, avait été détruite par les procédés révolutionnaires, qui ensuite avait été reconstituée par Carnot et par Bonaparte, honorée à jamais par le premier Consul, enivrée de gloire par l'Empereur, cette armée n'existait plus !

Comment le grand Capitaine, c'est-à-dire le génie même de l'organisation, va-t-il s'y prendre pour opposer des soldats à l'invasion ?

Eh bien ! lui aussi, lui qui a dompté, qui a écrasé de sa botte éperonnée la Révolution, il va essayer les moyens révolutionnaires, n'en ayant plus d'autres à sa portée.

Il se servira d'armées improvisées !

En vain, il se multiplie, son génie et son prestige enlèvent encore quelques victoires. Mais bientôt les revers arrivent, ses généraux, jusqu'alors habitués à triompher de tous les obstacles, se plaignent de l'insuffisance de l'armée, de son ignorance, de sa tristesse, de son indiscipline, de ses désertions continuelles, de son manque d'élan, et, le lendemain de ces terribles journées de Leipzig qui venaient d'arracher la couronne du front de Jérôme Bonaparte et de la rendre au fils du vaincu d'Iéna, le Conquérant, effrayé lui-même, s'écrie : « ... Il me faut des hommes

« et non des enfants... Il faut des hommes pour défendre la
« France (1). »

Napoléon, malgré son éblouissante auréole de victoires, arriva
à la ruine et à la défaite, parce qu'il n'avait plus sa vieille armée
et ses soldats aguerris, parce qu'on n'improvise pas des soldats,
parce qu'on n'improvise pas des cadres, parce qu'on n'improvise
pas des armées.

---

(1) Lettre de Napoléon 1er au maréchal Clarke, duc de Feltre, ministre de
la guerre. Gotha, 25 octobre 1813.

IV

LES VOLONTAIRES ESPAGNOLS

IV

Les Volontaires Espagnols.

On a beaucoup exalté les volontaires Espagnols et leur résistance désespérée.

Il fallut, il est vrai, de grands efforts de patience, de courage et de tenacité aux phalanges de Napoléon, de Junot, de Bessières, de Masséna, de Ney, de Murat, de Soult, de Montbrun et de Suchet pour tenir tête, durant six années, à ces 400,000 volontaires Espagnols et Portugais; mais il ne faut pas oublier que, outre les traditions héréditaires d'un peuple qui a vécu pendant des siècles dans une Croisade permanente, outre les sentiments nationaux et religieux qui leur faisaient prendre les armes, outre la flamme naturelle de leur sang toujours prêt à la lutte, ces volontaires étaient secondés par les armées régulières des Wellington, des Beresford, des Blake, La Romana, Palafox, Cuesta, Castagnos, Reding et Ballasteros.

Encore dans ces dernières années, les bandes Carlistes, quoique fort nombreuses, quoique occupant un pays stratégique exceptionnellement facile à défendre (1), quoique conduites par un prince doué d'une rare énergie, furent défaites par les troupes régulières du roi Alphonse XII.

Toutes ces guerres avec des corps francs, avec des levées en masse, ne sont pas la vraie guerre : non seulement elles ne peuvent jamais aboutir à une victoire définitive, mais, trop souvent, elles remplacent la discipline par la cruauté, elles tournent à l'assassinat et deviennent des luttes d'extermination qui doivent être bannies du code des nations civilisées.

Jamais une âme bien née, jamais un vrai soldat, jamais un

---

(1) De son quartier général d'Orduña, Don Carlos avait des partisans rayonnant, au Nord, dans les Provinces basques, la Biscaye, l'Aragon et la Navarre ; à l'Est, dans la Catalogne et le Maëstrago. Plusieurs de ses guérillas battirent les montagnes de la Murcie et même de la Nouvelle-Castille.

honnête homme ne mettra sur la même ligne, d'un côté, ces boucheries désordonnées où les femmes, les enfants, s'unissaient aux cohortes espagnoles pour massacrer les soldats Français et, de l'autre, cette guerre loyale, chevaleresque, qui a atteint sa plus haute personnification historique dans la journée de Fontenoy où nos pères, se découvrant devant l'ennemi disaient, avant d'ouvrir le feu :

« *A vous les premiers, Messieurs les Anglais.* »

V

GARIBALDI EN FRANCE

V

Garibaldi en France.

Un épisode de la guerre de 1870 a donné une nouvelle preuve de ce que peuvent aujourd'hui les corps de volontaires.

Le nom de Garibaldi n'apparaissait depuis longtemps aux yeux de presque tous les peuples qu'entouré d'un incessant feu d'artifice.

Au premier rang de tous les exploits qui faisaient de sa vie une légende, on racontait que, avec mille compagnons, il avait détrôné un roi et conquis un royaume.

Il est vrai que la conquête se bornait à renverser un trône dont la Révolution avait miné les fondements et dont la défense était paralysée d'avance.

Il est vrai que la *Colonne des Mille* avait derrière elle, pour appui, la flotte et l'armée du nouveau royaume qui, aidé lui-même par l'armée française, s'élevait sur les ruines de ses voisins.

Mais qu'importe! Garibaldi était acclamé par les hommes de l'avenir comme l'un des premiers capitaines du siècle.

Aussi, de grands cris d'allégresse s'échappèrent tout à coup d'innombrables poitrines françaises, quand on apprit que le héros, quittant sa retraite de Caprera, venait offrir à la France le secours de son épée et de ses chemises rouges.

Des centaines de mille voix proclamaient, et des gens de bonne foi croyaient, que les Allemands allaient être rejetés au delà du Rhin et que le triomphateur de Marsala allait, par une immense victoire, payer d'un seul coup, au nom de l'Italie, l'incommensurable dette de Magenta et de Solférino.

Il y eut, en effet, grand fracas dans les provinces de l'Est quand arriva cette étrange armée, semi-française, semi-italienne, qui prit le titre d'*Armée des Vosges* (1) et qui ne cessait de faire

---

(1) « Nous trouvons là deux chefs, nous ne disons pas deux généraux. L'un

répéter à tous les échos des montagnes les chants et les cris de
Viva la Liberta!

Malheureusement les résultats ne répondirent nullement à ces
bruyants débuts ; et l'on ne tarda pas à s'apercevoir que, dans
cette armée de libérateurs, qui avait pour chef d'état-major le
pharmacien Bordone subitement transformé en général, il y
avait plus de musiciens que de soldats, plus de fanfares que de
batailles, et que le vin parlait plus haut que la poudre.

Puis, à côté de ces trop célèbres soldats, semblables aux
légendaires carabiniers d'Offenbach, qui, à l'heure du combat,

> *Par un singulier hasard*
> *Arrivaient toujours trop tard,*

il y avait « les *cantinières*, jeunes, jolies et gaillardes, comme
celles des opéras-comiques ; les *ambulancières*, plus sérieuses,
mais non moins provocantes ; les *officières*, enfin, dont les habits
collants faisaient ressortir les charmes, qui d'habitude portaient
un galon de plus que leurs favoris et commandaient allègre-
ment (1). »

Il n'est pas besoin de grandes phrases pour raconter l'histoire
de cette armée des Vosges.

Le général Loysel, le défenseur du Havre, brave et loyal
soldat, sachant la guerre, en donne une idée suffisante dans ces
seuls mots :

« Ces aventuriers ne pouvaient inspirer que la méfiance la
« plus légitime (2). »

Dès le lendemain de la défaite de Nuits, une débandade
effroyable, une indescriptible déroute eut lieu dans cette armée ;
des troupes, qui n'avaient pas combattu, s'enfuirent jusqu'à Lyon

---

est le *condottiere* italien Garibaldi, l'autre le capitaine de 2ᵉ classe du corps
d'état-major Cremer. Celui-ci, incapable de conduire un bataillon, étourdi de
s'entendre appeler général, n'étudiant jamais, passant de longues heures dans
l'oisiveté des cafés, n'inspirant aucune confiance aux troupes. Il est jeune sans
avoir l'ardeur de la jeunesse. L'autre est un vieillard sans respect pour son
âge. Atteint depuis longtemps de la folie révolutionnaire, d'un esprit borné,
d'une vanité sans limites, complètement étranger à la guerre, il traîne à sa
suite une horde sans foi ni loi. Renverser les autels, souiller les églises, piller
les couvents, insulter les prêtres, fut la grande affaire des garibaldiens.
(Général baron AMBERT).

(1) Jules Garnier : *Les volontaires du génie dans l'Est.*
(2) Déposition du général Loysel dans le procès du colonel Chenet contr
Bordone (28 juin 1872).

d'où le général Bressoles, justement irrité, télégraphia ces lignes caractéristiques :

LYON, GÉNÉRAL DE DIVISION A GUERRE. TOURS.

Reçois dépêches de tous les côtés m'annonçant fuyards en désordre de Garibaldi et autres corps francs. Ils viennent inonder la ville, y porter le désordre et l'indiscipline. Les chefs m'écrivent qu'ils viennent se réorganiser, c'est-à-dire vider encore les magasins de l'État. Je serais bien d'avis de ne leur rien donner et de traduire en cour martiale tous ces chefs.

Signé : Général BRESSOLES.

Les scènes révolutionnaires dont la Croix-Rousse fut le théâtre, et l'assassinat du commandant Arnaud ne justifièrent que trop les tristes prévisions du général.

Bientôt M. de Freycinet qui, en dehors de Paris, dirigeait, avec M. Gambetta, toutes les opérations de la défense nationale et qui, certes, n'était pas suspect d'hostilité envers les idées démocratiques, écrit ces lignes au chef d'état-major de Garibaldi :

19 janvier 1871.

Je ne comprends pas les incessantes questions que vous me posez pour savoir qui commande, non plus que les difficultés qui surgissent toujours au moment où, dites-vous, vous allez faire quelque chose. Vous êtes le seul qui invoquez sans cesse des difficultés et des conflits, pour justifier sans doute votre inaction. Je ne vous cache pas que le Gouvernement est fort peu satisfait de ce qui vient de se passer. Vous n'aurez donné à l'armée de Bourbaki aucun appui, et votre présence à Dijon a été absolument sans résultat pour la marche de l'ennemi de l'Ouest à l'Est. En résumé, moins d'explications et plus d'actes : voilà ce qu'on vous demande.

Signé : DE FREYCINET.

En recevant cette dépêche, Garibaldi et Bordone ont dû reporter leur pensée, avec un soupir, le premier, vers son île, le second, vers sa pharmacie.

Quant à la masse des Garibaldiens, ces reproches ne l'atteignirent même pas.

---

(1) Dans leur état-major de fantaisie, il y avait, comme adjudant-major un homme portant le nom de Jacquot de Saulcy. Il arrivait de Turquie avec de magnifiques états de services militaires. Des renseignements sur son compte

Tous se mettaient au-dessus des petites questions de nationalités.

Ils chantaient la confraternité des peuples, buvaient à la République universelle et s'écriaient sur tous les tons :

« Nous sommes venus pour établir et défendre la République,
« et non pour nous battre avec les Allemands que nous aimons
« autant que vous, Français. »

Leur historiographe *Ordinaire* (sans calembour, c'est le nom du monsieur) écrivait d'Autun :

« La patrie disparaît devant la République. Oui, nous sommes
« les soldats de la Révolution cosmopolite. Italiens, Espagnols,
« Polonais, Hongrois, ont compris qu'ils venaient en France
« défendre la République universelle... Il nous faut aujourd'hui
« des Danton, des Robespierre, un 92. Dans les grandes crises,
« les grands moyens... Prenez des généraux dans les rangs des
« simples soldats, dans la jeunesse surtout. »

Aussi trop souvent, en oubliant l'ennemi, ils faisaient la guerre aux églises et aux prêtres, et, après avoir visité certains couvents ou presbytères, ils rapportaient des trophées qui ne venaient pas du champ de bataille. Les cabarets bourguignons n'ont pas oublié le refrain favori qu'ils répétaient gaiement.

Mangiamo bene, beviamo bene, la Francia paga bene. Tutto va bene! (Nous mangeons bien, nous buvons bien, la France paie bien. Tout va bien!)

Un jour pourtant, toutes les trompettes de la renommée annoncèrent que les chemises rouges venaient de remporter une éclatante victoire.

Cette victoire, le vaincu lui-même, l'un des principaux et des plus remarquables chefs de l'armée prussienne, le général de Manteuffel, s'est chargé de s'en faire l'historien en dix lignes que les admirateurs du grand *Condottiere* n'inscriront probablement pas sur le piédestal de sa future statue :

« Si je suis déjà ici, si l'armée du général Bourbaki n'a pu
« échapper à une catastrophe, la responsabilité en est à Garibaldi.

furent demandés à M. Ducrot-Aubert, alors chargé d'affaire de France à Constantinople. Le 23 décembre 1870, ce diplomate répondait : « Le sieur Jacquot
« est arrivé à Constantinople porteur d'un passe-port altéré, sous le nom de
« M. de Saulcy ; c'est une épave des travailleurs du canal de Suez. Il s'est
« fait passer de lui-même officier d'artillerie ; en réalité il n'a été que ferblan-
« tier-lampiste. Il est considéré comme un aventurier trop ignorant pour être
« dangereux. »

« J'ai envoyé quelques bataillons pour *amuser le bonhomme*
« devant Dijon : il a cru se battre sérieusement contre des forces
« ennemies. J'ai mis à profit sa distraction en lui laissant Dijon,
« dont je n'ai que faire; je me suis jeté dans le Jura et le Doubs,
« et j'ai consommé ainsi heureusement la destruction de la der-
« nière armée (1). »

Effectivement, il fallait *amuser le bonhomme*, pendant que l'armée allemande défilait devant lui sur une longueur de cent
soixante-quinze kilomètres.

Le moindre mouvement sérieux de Garibaldi et de ses lieute-
nants aurait cependant pu couper, ou, tout au moins, arrêter
cette armée en marche, dont la tête était à Dôle, la queue à
Moutiers-Saint-Jean et le centre à la hauteur de Dijon.

Il ne fit rien : ses troupes tiraillèrent contre 3,000 hommes
qui n'étaient qu'un rideau de colonnes volantes employées à des
simulacres d'attaques pour dissimuler le mouvement réel.

L'inaction de l'armée des Vosges, dans les importants défilés
du Morvan, permit au général de Manteuffel de faire sa jonction
immédiate avec le général de Werder.

L'ennemi entra ainsi, sans résistance, à Gray et à Dôle; il
s'empara de plus de 100 wagons de vivres et d'effets destinés
au général Bourbaki, et coupa enfin toutes les communications
de la malheureuse armée de l'Est.

En apprenant cette catastrophe, l'intendant Friand, qui avait
préparé, au prix de tant de peines, ces convois remis à la pro-
tection du *Condottiere*, s'écria, les larmes aux yeux :

« Comment peut-on confier une armée à un homme aussi nul ?
« Cent wagons de vivre, la vie de toute une armée, perdus par
« l'incurie de cet aventurier ! »

Quant à Garibaldi, loin d'être atterré de l'effroyable résultat
de sa méprise, de son incapacité, de son ineptie militaire, il
publia, avec sa jactance habituelle, cette triomphante proclamation, après avoir, fort de 50,000 hommes, repoussé les 3,000
chargés de *l'amuser*.

« Eh bien ! vous les avez revus, les talons des terribles soldats
« de Guillaume, jeunes fils de la liberté !
« Vous avez écrit une page glorieuse pour les annales de la
« République...

---

(1) Documents officiels annotés. L. 4. IIe. s., p. 35.

« Vous avez vaincu les troupes les plus aguerries du
« monde... »

Le râle de mort des soldats français agonisants fut la réponse
à cet hymne de victoire.

Oui! l'un des plus lamentables désastres des armées françaises dans cette triste guerre, celui qui a clos cette longue
série de désastres par la destruction d'une armée entière acculée
à la frontière suisse entre la gueule des canons ennemis et les
horreurs d'un tombeau de neige, tel est le résultat direct et
incontesté de la stratégie Garibaldienne; tel est le funèbre
trophée de ce qu'on a pompeusement appelé « la victoire de
Dijon!!! »

En repassant les Alpes et en reprenant le chemin du Capi-
tole, Garibaldi pouvait, comme César, résumer toute sa campagne en trois mots.

Il n'avait qu'à changer une lettre à la phrase immortelle et à
s'écrier (1) :

Veni, vidi, VIXI.

Je suis venu, j'ai vu, j'ai *vécu.*

Et c'était profondément vrai, dans le sens latin du mot *vixi :*
j'ai vécu, c'est-à-dire *j'ai fini de vivre, je suis mort.*

Ah! certes, il était bien mort, quoiqu'il fut encore plein de
vie.

Lorsque, à Aspromonte, il s'était trouvé aux prises avec les
troupes de son Roi, la victoire l'avait bientôt abandonné et une
balle l'avait cloué pour des mois sur un lit de douleur.

Mais ce n'avait été là qu'une défaite et une blessure infligées
à un rebelle.

La campagne de France le tua mieux que n'eussent pu le faire
cent balles et dix défaites.

Elle le tua moralement et à jamais!

Son prestige et celui de ses volontaires ont été pour toujours
ensevelis dans les neiges du Jura et sous les cadavres des soldats français.

---

(1) La même pensée se retrouve dans ces vers qui couraient dans toute la
France à la fin de la campagne :

Si César vint, vit et vainquit,
Garibaldi vint, vit, de même.
C'est un vrai César en petit :
Des trois choses que César fit
Il ne manque que la troisième.

La déposition de l'ancien Préfet de Police (1), devant la commission d'enquête sur les événements du 18 mars, à Paris, achève le tableau de cette armée :

« ... Très peu de jours avant le 18 mars, il arriva des contin-
« gents pour l'insurrection; ils ont changé complétement la
« physionomie de Paris. C'étaient des hommes de l'armée des
« Vosges, appartenant à des corps irréguliers qui avaient été dis-
« sous à Lyon, des Garibaldiens. Nous vîmes arriver à Paris ces
« hommes à chemise rouge, avec des plumes de paon derrière la
« tête. C'était une mascarade, si vous voulez, mais c'était l'armée
« insurrectionnelle qui achevait de se former (2). Et j'en ai eu la
« preuve plus tard, ici même. J'ai assisté à l'interrogatoire des
« premiers prisonniers faits dans la bande qui suivait Flourens et
« Duval. J'ai été frappé de voir que, sur trois prisonniers, il y
« avait au moins un de ces hommes... J'estime à environ 18,000
« hommes de corps irréguliers ceux qui sont venus grossir
« l'armée insurrectionnelle de Paris (3). »

Puis, le Comité Central de la Commune fit offrir au *Condottiere* lui-même le commandement suprême des forces fédérées.

Mais, se souvenant des déboires de la veille et flairant ceux du lendemain, il refusa.

A l'étranger, ce ne fut pas seulement le général de Manteuffel qui jugea sévèrement la conduite de Garibaldi, tous les écrivains militaires allemands se sont accordés pour la condamner et la ridiculiser.

Ainsi, dans cette triste guerre, devait être réservé à lui seul le honteux monopole d'être, non seulement battu, mais bafoué par son adversaire.

On peut prendre, au hasard, l'appréciation de M. de Wickede :

« De tous les chefs un peu notables de cette lutte gigantesque,
« le vieux Garibaldi a bien prononcé le plus de paroles inutiles,

---

(1) M. Choppin.
(2) C'est de ces hommes que l'illustre ganache de la mythologie révolutionnaire disait : « Le noyau cosmopolite que la République Française rallie dans
« son sein, composé d'hommes choisis dans l'élite des nations, représente
« l'avenir humanitaire, et, sur la bannière de ce noble groupe, vous pouvez
« lire l'empreinte d'un peuple libre qui sera bientôt le *motto* de la machine
« humaine : tous pour un, un pour tous, etc. » (GARIBALDI).
(3) Enquête sur les événements du 18 mars. Déposition de M. Choppin, ancien préfet de police, t. II, p. 115, col. 2.

« et, en réalité, fait le moins d'exploits; il mérite, par son excès
« de négligence, d'être vraiment honni. Au lieu de faire la guerre
« avec énergie, en octobre et novembre, où il pouvait nous nuire
« extrêmement, et de s'avancer sur Nancy et Bar-le-Duc, il ne
« bougea pas, se bornant à lancer les proclamations les plus
« ampoulées et les plus folles.

« *Il nous a été plutôt utile que nuisible,* et, si les autres
« généraux et les autres armées avaient ressemblé à lui et à
« ses bandes, notre victoire ne nous aurait pas coûté aussi
« cher... »

Voici, enfin, comment conclut le rapport de la commission
d'enquête chargée par l'Assemblée Nationale d'apprécier les
dépenses de l'armée des Vosges :

« En dehors des voies régulières et des corps réguliers, il ne
peut y avoir ni garantie pour les finances, ni armée sérieuse, ni
opérations militaires dignes de ce nom (1). »

En outre, cette commission d'enquête parlementaire disait,
en terminant son rapport à l'Assemblée Nationale :

« ... Si le général Garibaldi avait été un général français,
« nous aurions été contraints de vous demander que ce rapport
« et les pièces qui le justifient fussent renvoyés par l'Assemblée
« au Ministre de la Guerre, afin d'examiner si le général Gari-
« baldi ne devait pas être traduit devant un conseil de guerre,
« pour y répondre de sa conduite, comme ayant abandonné à
« l'ennemi, de propos délibéré et sans combat, des positions
« qu'il avait reçu mission de défendre, et ayant occasionné la
« perte d'une armée française et amené un désastre militaire
« qui n'aura de comparable dans l'histoire que les désastres de
« Sedan et de Metz. »

Ont signé :

Saint-Marc Girardin,	De Sugny,
Comte Daru,	Comte de Rességuier,
De Rainneville,	Dezanneau,
Antonin Lefèvre-Pontalis,	Chaper,
Perrot,	Vinoy,
Bareau-Lajanadie,	Comte de Boisboissel,
De Pioger,	Vicomte de Rodez Benavent,
De la Sicotière,	Albert Grévy,
Général d'Aurelles de Paladines,	Comte Duchatel,

(1) Le comte Louis de Ségur. Rapport sur les marchés de l'armée de Garibaldi (31 janvier 1873).

Berthauld,   Lallié,
Delsol,   Bardoux,
Comte de Juigné,   Maurice,
Comte de Durfort de Civrac,   Comte de Maillé,
Mallevergue,   De la Borderie,
Baron de Vinols,   Auguste Callet.

Après ces arrêts définitifs et réitérés que tous les juges com-
pétents ont prononcés contre la légion et la campagne de Garibaldi, il n'y a qu'un mot à ajouter : c'est que le Gouvernement
de la Défense Nationale a obéi à une inspiration malheureuse et
peu digne d'un grand pays, en permettant à celui qui, des remparts de Rome, avait mitraillé les soldats français, de venir
défendre le drapeau de la France.

VI

LES GARDES NATIONALES

VI

Les Gardes Nationales.

Les gardes nationales n'ont jamais été qu'une force d'ostentation, difficile à entretenir, quand on la mobilisait, et incapable de manœuvrer, quand on la conduisait au feu.

Elles ont toujours été un embarras et leur concours a toujours été stérile.

Le meilleur de tous les juges a, d'ailleurs, dit le dernier mot sur ces gardes nationales.

Du palais de Schœnbrunn, il écrit, le 26 septembre 1809 : — « Une espèce de vertige tourne les têtes en France. Tous les « rapports que je reçois m'annoncent qu'on lève des gardes « nationales... Que diable veut-on faire de tout cela...? Je ne veux « pas de gardes nationales, et, en y pensant mûrement, je ne « veux pas d'officiers que je ne connais pas. (Napoléon) (1). »

Cette armée, semi-civile, qui fut créée en 1789, et qui, dès le lendemain, devint l'armée du désordre et de la Révolution, a eu souvent ses baïonnettes teintes du sang des Français, mais presque jamais du sang de l'ennemi.

Ses états de service, depuis sa naissance jusqu'à sa mort, se résument surtout dans les journées de Juillet, de Février, de Juin, de Septembre et de la Commune.

Ses actions d'éclat sont inscrits en caractères funèbres dans les annales de la France, que ses mouvements séditieux, en accumulant ruines sur ruines, ont conduite dix fois au bord de l'abîme.

Parmi cette milice bourgeoise, qui a rarement les aptitudes du champ de bataille et sur laquelle un général ne peut compter, il s'est trouvé, plus d'une fois, il est vrai, des combattants acharnés, mais c'était dans les guerres civiles et sous l'excitation momentanée d'une passion violente.

---

(1) Correspondance de Napoléon Iᵉʳ, Lettre au Ministre de la Police.

Ils ne combattaient pas avec ce courage persévérant et réfléchi qui est la plus sublime expression du devoir et de l'honneur; ils obéissaient aux fiévreuses impulsions de la haine, de la révolte et de la colère.

Alors le courage change de nom, il s'appelle la fureur.

Dans un procès célèbre, M. Imgarde de Leffemberg, Procureur-Général près la Cour de Paris, a cru devoir protester contre cette assimilation malheureuse du courage militaire et du courage révolutionnaire, contre l'emploi, *per fas et nefas*, des forces vives de l'homme et de la nation :

« ... Ah! non, non! pour mon compte et pour celui de tous
« les honnêtes gens, je proteste contre cet hommage; non, il ne
« suffit pas de mourir courageusement pour être un martyr. Il
« ne suffit pas de répandre son sang pour racheter celui qu'on
« a fait verser. La mort n'est noble que lorsqu'elle survient pour
« une noble cause. Dans d'autres circonstances, elle n'est qu'un
« châtiment.

« Saint-Just, Lebas, Robespierre ont su mourir non sans
« courage; leur mémoire n'en reste pas moins flétrie, et la
« postérité la plus reculée dira encore que c'étaient des
« scélérats... » (1)

Sous Marius, outre les tribus et les centuries, il y avait déjà une sorte de garde nationale que l'on appelait alors, et avec juste raison, le *tumulte* (2), parce qu'elle ne sut jamais s'approprier ni la discipline ni les devoirs de l'armée.

Cette milice de la République Romaine « *devint bientôt l'instrument des factions, et lorsqu'elle eut combattu pour César et pour Pompée, pour Antoine et pour Brutus, l'instrument se trouvait usé* » (3).

En France, l'instrument s'usa de même, mais il fallut quatre-vingts ans pour qu'on se décidât à le mettre au rebut parmi les outils inutiles et dangereux.

Il traîna misérablement jusqu'en 1871, où il fit une si belle besogne qu'on l'enterra civilement dans la fosse sanglante de la Commune.

---

(1) Cour d'Assises de la Seine, audience du 13 déc. 1875 (Aff. de Cassagnac).
(2) Tumultus. Quasi tumor multus, vel a tumendo (Cic., *Phil.*, v. 31, XIII).
(3) Auguste Vitu, *Histoire civile de l'armée ou des conditions du service militaire en France*, liv. Ier, chap. III, p. 42.

VII

LA GARDE MOBILE

VII

La Garde Mobile.

La garde mobile n'eut jamais aucune espèce d'homogénéité.

Quelques-uns de ces régiments étaient bons, beaucoup ne valaient rien; la plupart étaient mal équipés, mal habillés, mal armés et n'avaient que des chaussures de carton dont la fourniture devait honteusement enrichir les enfants d'Israël.

Cette milice, que l'on comparait à la Landwehr prussienne, à la nation armée, était bien la nation, et, il faut le reconnaître, ce fut un beau spectacle que cette application, quoique tardive et malheureusement inutile, du service obligatoire, au milieu des sanglants revers de la France.

Cette égalité devant le danger, à l'exemple de la Prusse, où le titre d'Allemand confère de droit le titre de soldat, n'était pas une chimère.

La garde mobile, si elle avait été telle que le demandait si instamment le maréchal Niel, en 1868, « eût été, peut-être, le « salut de la France (1). »

Elle était la jeunesse française dans toute la richesse et l'ardeur de sa sève.

Mais il lui manquait l'instruction militaire; il lui manquait les cadres capables de la conduire.

Aussi, lorsque après les premiers échecs et les grands désastres, elle passa subitement, sans transition, de l'oubli auquel l'opposition parlementaire l'avait vouée, à la vie active, pénible des camps, des marches et des champs de bataille, les hommes du métier constatèrent avec effroi son impuissance.

La plupart du temps, la garde mobile n'a produit que des bandes indisciplinées, ne pouvant rien contre l'arsenal, l'organisation, la cohésion de ses adversaires, et l'emploi des moyens militaires qui, chez les Allemands, sont une science dont l'exactitude est toute mathématique.

« *Glissez, mortels; n'appuyez pas.* »

---

(1) Général Chareton : Rapport sur la loi d'organisation de l'armée (1873.

Si la garde mobile a été coupable, elle a, elle-même, cruelle ment expié ses fautes.

Ses recrues quittaient leur famille, leurs habitudes, pour l première fois : aussi généralement arrivaient elles dans le ran avec le cœur gonflé, les yeux pleins de larmes et le fervent dés non pas de combattre, mais de rejoindre ce qu'elles venaient c quitter.

Au lieu de s'accoutumer petit à petit aux duretés régimentaire ces pauvres diables en étaient ahuris, surmenés, et, souve même, révoltés; car, hélas! on ne leur avait pas enseigné c grand sentiment du devoir qui, seul, permet aux hommes c servir útilement la patrie en face de l'ennemi.

En outre, ils ne pouvaient supporter les longues étapes. E France, on ne sait plus marcher! Le dernier paysan qui, jadi faisait dix ou douze lieues par jour, prend maintenant le voies ferrées, et, pour quelques sous, il se fait commodéme transporter de village en village. De sorte que, quand un stag militaire n'a pas, au préalable, combattu cette nonchalance, o peut être certain de voir l'infanterie, au lieu de tenir la cam pagne, s'égrener le long des routes en traînards et en déserteur

Rien que dans la guerre de province, les régiments de mobile ont porté, comme déserteurs, traînards ou éclopés, 52,000 de leurs.

C'est juste ce qu'il a fallu d'hommes à Napoléon Ier pou gagner la bataille d'Austerlitz!

Aujourd'hui, cette malheureuse garde mobile est remplacé par l'armée territoriale, dont assurément l'institution est excel lente.

A un moment donné, l'armée territoriale rendra de grand services et, si Dieu permet que nos jours de deuil soient remplace par des jours de gloire, l'armée active sera heureuse de marche avec elle la main dans la main.

Cette obligation du service dans l'armée territoriale est l complément de l'éducation militaire que le service, obligatoi pour tous, impose maintenant dans nos régiments à la jeuness française, riche et pauvre, appelée à défendre le drapeau.

« Elle est, enfin, — comme le dit le général Trochu, — l'éco de la défense nationale, l'école du devoir, de la virilité, de l solidarité patriotique, et, pour exprimer toute ma pensée et tou mon espoir, la grande école de l'esprit public! »

VIII

LES RÉGIMENTS DE MOBILISÉS

VIII

Les Régiments de Mobilisés.

Ces hommes, arrachés à leurs foyers par une loi d'exception, remplaçaient par la force d'inertie stupide « l'important levier de l'enthousiasme qui, contenu et dirigé, porte les armées aux grandes actions (1). »

Sauf des exceptions, dont l'énumération serait glorieuse mais trop courte, les mobilisés manquaient des qualités élevées qui constituent le soldat.

Ils étaient, comme les mobiles, sans éducation et sans instruction militaires. Ils n'avaient pas de cadres, car leurs officiers n'en savaient guère plus qu'eux ; la majeure partie était composée d'hommes indifférents au métier des armes, n'ayant recherché leur grade que pour obtenir un plus grand bien-être et satisfaire leur amour propre.

Cette élection des officiers porta, dans ces régiments, le dernier coup à l'obéissance qu'exige la vie militaire.

Le grade doit appartenir au plus digne et non au plus populaire.

On se trompe, en croyant généralement que l'unique devoir essentiel du soldat est de combatre avec courage : le soldat se bat rarement pendant une campagne, mais il souffre continuellement et doit obéir tous les jours.

Lorsque, enfin, le combat, ce drame saisissant pour tous, arrive, c'est encore la soumission que l'on demande au soldat, bien plus que le ressort, l'entrain, l'intelligence.

Le mémorable testament des Spartiates, écrit par Léonidas, dans la Thessalie, sur un rocher des Thermopyles, ne contenait que ces mots :

---

(1) Maréchal Bugeaud, duc d'Isly.

« Passant, va dire à Sparte que les trois cents sont morts
« pour *obéir* à ses saintes lois. »

Les trois cents soldats de Sparte, en luttant désespérément
contre l'armée de Xerxès, n'ont fait que ce que tout soldat doit
savoir faire : — OBÉIR ET MOURIR.

Or, qui donc aurait pu obtenir cette obéissance sans limites,
dans des troupes où les chefs n'étaient que des camarades dégui-
sés en officiers?

L'élu y était considéré comme le mandataire délégué de
l'électeur, et les hommes jugeaient que les officiers nommés par
eux devaient être leurs très humbles serviteurs.

Il découlait forcément de ce fait que, à tous les échelons de
l'échelle hiérarchique, le commandement était faible : d'un
grade à l'autre, il y avait généralement manque de confiance et
d'autorité.

Et l'on peut dire que, dans ces régiments de mobilisés, les
chefs menaient leurs hommes à la condition de leur obéir,
suivant le mot légendaire de Ledru-Rollin, ce grand maître
de la démocratie, qui s'écriait à la tribune de l'Assemblée Nationale :

« *Il fallait bien que je les suivisse, puisque j'étais leur
chef!!!...* »

En outre, les mobilisés se plaignaient de leur armement et
disaient qu'ils ne pouvaient combattre sans chassepots.

Quoique leurs plaintes fussent quelque peu fondées et que
leur armement fût défectueux, c'était avant tout un prétexte
pour ne pas aller à l'ennemi.

Aussi n'ont-ils jamais inspiré aucune confiance !

Du reste, engager sérieusement une infanterie semblable eût
été impossible. L'ennemi eût dédaigné de lui opposer la sienne,
il aurait laissé son artillerie faire silence et se serait contenté de
lui envoyer, vivement et en masse, sa cavalerie qui l'eût facilement enveloppée et eût fait prisonnier en bloc tout ce qu'elle
n'aurait pas sabré, piétiné, écrasé, haché comme paille.

Puis, pour engager ces mobilisés, il aurait fallu être sûr qu'ils
voulussent se battre.

Les porter en avant et les masser sur un point eût été fort
dangereux.

Il pouvait se faire que, grâce à l'énergie de quelques hommes
ayant le cœur bien placé, la tête de colonne combattît, mais le
gros se serait bien vite débandé, et tout aurait fui en désordre

comme poussé par la force invincible d'un propulseur magné-
tique.

Nous dirons donc une fois de plus : jamais une troupe dont le
recrutement est vicieux n'a pu ni ne pourra servir convenable-
ment une cause.

———————

IX

LES FRANCS-TIREURS

IX

Les Francs-Tireurs.

Ce sont ces hommes qui, sous les noms les plus baroques et les costumes les plus burlesques, ont promené, de par tous les chemins de la France, la preuve incontestable de notre décadence, de notre vanité, de notre faiblesse.

Ces compagnies franches, la plupart beaucoup plus dangereuses pour les populations françaises que pour l'ennemi, étaient trop souvent composées d'individus qui n'y entraient que pour échapper à l'enrôlement forcé dans les corps réguliers, où le service et l'avancement étaient pénibles.

Là, ces soldats de fantaisie trouvaient les hasards d'une vie sans discipline qu'ils préféraient aux travaux constants et réglés de l'armée.

Aussi se distinguaient-ils beaucoup plus par leur esprit d'insubordination que par leur courage, et, plus d'une fois, l'assassinat de leurs chefs ou de paisibles habitants fut le plus clair de leurs exploits.

Que d'écrivains ont déjà raconté de façon saisissante, parfois désopilante et malheureusement trop exacte, les hauts faits de ces messieurs : leur couardise, comme leur insolence; leur ineptie comme leur vantardise; leur cruauté, comme leur faiblesse!...

Personne ne put jamais rien faire de ces incommodes et inutiles soldats : presque tous désordonnés, sans instruction, se sauvant au premier coup de fusil et hurlant à la trahison, n'ayant trop souvent comme habitude que le vol, le pillage, l'ivrognerie, la désertion, exécutés sur une vaste échelle et aux sons joyeux de la *Marseillaise*.

Ces francs-tireurs semblaient avoir pris à tâche de réaliser l'idée de Victor Hugo, qui, dans une proclamation fameuse, proposait les allures du serpent pour modèle à leur patriotisme !...

Tous, en effet, voulaient être libres, afin de pouvoir, à l'exemple de ce reptile, se glisser partout, se plier et se REPLIER à leur aise. *Trahit sua quemque voluptas !*

Quant à ceux qui prenaient leur rôle au sérieux et qui s'attirèrent le moins de malédictions, voici ce que l'on peut en dire :

En outre des vices inhérents à l'institution, les francs-tireurs n'étaient pas en condition de faire la guerre de partisans, guerre difficile, demandant de hautes qualités, un esprit subtil, une attention constante, un dévouement absolu, un courage à toute épreuve, et dont les moindres attributions sont d'enlever les convois de l'adversaire, de le tromper, de lui couper ses reconnaissances et d'inquiéter ses derrières ou ses flancs.

Ils n'étaient pas sûrs d'eux-mêmes et les éléments regrettables qui se trouvaient mêlés dans toutes leurs compagnies paralysaient leur élan; de sorte qu'ils n'osèrent jamais s'aventurer au loin pour remplir les missions qui leur incombaient.

Ils restaient devant le front de l'ennemi et, sans avoir de *toreador*, ils faisaient ce que font les *banderilleros* pour le taureau : ils aiguillonnaient leurs adversaires, se mettaient vingt pour tuer ou prendre un malheureux uhlan et ils appelaient cela pompeusement : — « *faire la chasse aux Prussiens !* »

Cette chasse, le plus souvent infructueuse, ne manquait jamais d'attirer des représailles.

Le tireur, son coup fait, réussi ou manqué, s'empressait de déguerpir et l'ennemi revenait invariablement où l'un des siens était tombé; puis, par le pillage, l'incendie, l'enlèvement d'otages ou la taxe de ruineuses indemnités, il se vengeait.

On voit que le gain était minime et que le résultat ne répondait guère à l'idée mère de cette intention.

Les officiers ne manquaient cependant pas aux francs-tireurs; ils pullulaient, au contraire, dans leurs bandes; mais, pour la plupart d'entre eux, les services qu'ils rendirent devraient leur être payés par l'Allemagne et non par la France.

Ils ont été plus utiles à l'ennemi qu'à la patrie !

A ces officiers d'occasion, bouffis d'orgueil, s'appliquent admirablement ces paroles d'un grand homme de guerre :

— « Nouveaux Thersites, ils sont mordants par le langage,

« mais faibles de cœur, plus faits pour parler que pour com-
« battre ! »

Beaucoup de bruit ; peu d'effet. Tel a été le bilan de la plupart
des francs-tireurs et de leurs chefs.

X

SOLDAT

X

Soldat.

Quand il s'agit d'une grande guerre, quand on a à lutter contre un ennemi puissamment organisé, c'est la plus déplorable illusion d'un patriotisme aveugle que de croire qu'on fortifie les armées en grossissant leur nombre par des troupes libres, propres seulement à y jeter le trouble, la désorganisation et souvent la révolte.

Lever des légions à l'improviste était peut-être bon, lorsque le courage individuel était tout et que l'apprentissage du métier des armes se faisait promptement, mais aujourd'hui il n'en est plus de même.

L'art de la guerre s'est élevé à la hauteur d'une science exacte qui, sauf quelques hasards, n'est plus qu'une série de calculs mathématiques appliqués à la rencontre de deux masses d'hommes, plus ou moins grandes, sur un échiquier, plus ou moins vaste.

Cette science compte plus sur la puissance destructive des engins perfectionnés et la précision des mouvements que sur l'entrain et l'enthousiasme des troupes.

Le soldat, l'officier subalterne, ne sont plus maintenant qu'un instrument passif dans la main de leur chef.

Ils exécutent des mouvements sans en comprendre la portée.

Ils sont exposés à recevoir la mort d'un ennemi que souvent ils ne voient même pas.

La plupart du temps ils sont impuissants à parer et à rendre les coups et, pour arriver au but désigné, ils doivent avant tout savoir conserver sous le feu une stoïque immobilité.

L'avènement des armes à tir rapide, intermittent, a presque complètement détrôné la valeur individuelle, tandis que jadis, au contraire, le cœur chevaleresque méprisait les armes qui peuvent être également celles du lâche et du brave.

Le courage brillant, l'audace personnelle sont rentrés dans le rang ; la tactique, qui est née de la transformation des armes, en soudant de plus en plus, dans la série d'évolutions qu'elle parcourt, les combattants les uns aux autres, en un ordre compact, serré, ne laisse plus, sous l'empire de ses lois, l'entrain et la responsabilité des efforts qu'à un petit nombre de chefs.

Le soldat doit, aujourd'hui, accomplir son noble devoir en sacrifiant à ce jeu de la guerre non seulement son existence mais aussi son individualité.

Hormis les reconnaissances, les coups de mains, les assauts et les luttes corps à corps qui deviennent de plus en plus rares, l'initiative personnelle ne sert plus ni à diminuer le danger, ni, souvent même, à distinguer le héros au milieu de ses vulgaires voisins.

Pour former des armées capables de faire face à ces exigences et à ces nécessités nouvelles de la guerre, le principal élément c'est le temps.

Oui, le temps ! c'est-à-dire l'éducation militaire, sérieuse, sévère, qui, outre l'enseignement technique, donne et développe le véritable esprit de sacrifice, d'abnégation et d'obéissance, première condition pour conduire sûrement les hommes à ces terribles tournois où l'on doit compter sa vie pour rien et ne plus songer qu'à celle de son pays.

Montaigne l'a dit, et c'était déjà vrai de son temps.

« *Ce n'est pas le nombre des hommes, ains le nombre des bons* « *hommes qui faict l'advantage à la guerre, les demeurant servant* « *plus de destourbier que de secours* (1). »

Dans la guerre de 1870-71, malgré sa grande infériorité numérique, l'incalculable supériorité de l'armée régulière sur les corps improvisés s'est affirmée une fois de plus, par une preuve matérielle, par une preuve foudroyante et sans réplique.

Cette preuve, d'une funèbre éloquence, ce sont les rapports officiels de l'état-major allemand qui la donnent par des chiffres indiscutables.

Dans ces rapports, il est constaté, avoué, que, pendant toute la durée de la campagne, les armées allemandes ont perdu sur le champ de bataille 127,897 hommes, dont 5,166 officiers ;

----

(1) Ce n'est pas le nombre des hommes, mais le nombre de bons soldats qui fait l'avantage à la guerre, le reste apportant plus de trouble que de secours.

88 médecins ou employés ayant rang d'officiers; 12,208 sous-officiers et 110,435 soldats.

Or, voici comment l'état-major décompose ces chiffres en ce qui concerne la lutte contre la vieille et solide armée française.

A Wissembourg	700 h.	dont	52 off.
A Wœrth	10,530 h.	—	439 off.
A Forbach	4,000 h.	—	101 off.
A Borny	6,000 h.	—	374 off.
A Rézonville	14,820 h.	—	581 off.
A Gravelotte	20,577 h.	—	819 off.
A Beaumont	3,700 h.	—	203 off.
A Sedan	9,032 h.	—	422 off.
Au siège de Metz	5,482 h.	—	193 off.
Au siège de Strasbourg	889 h.	—	39 off.
Total	75,730 h.	—	3,122 off.

On doit ajouter à ces chiffres environ 12,000 hommes pour les affaires secondaires, comme Sarrebrück, Pont-à-Mousson, Buzancy, Nouart, etc., les pertes en reconnaissances et les sièges de Lichtemberg, Lutzelstein, Marsal, Bitche, Phalsbourg, Toul, Verdun, Schlestadt, Neuf-Brisac, Thionville, Montmédy, Mézières, Rocroi, Laon, Soissons, Longwy, Belfort, etc., dont les garnisons appartenaient à l'armée.

Donc, sur 127,897 hommes que les Allemands reconnaissent avoir perdu au feu, 87,730 ont été mis hors de combat, en moins d'un mois et demi (1), par l'armée régulière, tandis que les armées improvisées, deux à trois fois plus nombreuses, et comprenant celles de Paris, de la Loire, du Nord, de l'Ouest, de l'Est et des Vosges, n'en ont fait disparaître que 40,167 en cinq mois.

Et encore il faut noter que, à Paris, à l'armée de la Loire, à l'armée du Nord et dans tous les corps qui ont fait la seconde campagne, il y avait un noyau de troupes régulières et que c'est ce petit noyau qui a fait la plus grande partie de la besogne.

Un homme qu'on n'accusera certes pas d'être de la vieille école militaire, puisqu'il a dirigé la Défense Nationale et qu'il est aujourd'hui premier ministre de la République, a dit, en 1871 : — « L'instruction doit être à la base et au sommet de notre armée. « Qu'on ne l'oublie pas, c'est par le savoir plus encore que « par le nombre que nous avons été vaincus. Oui, on peut

(1) Sauf les sièges.

« établir, preuves en main, que c'est l'infériorité de notre édu-
« cation qui nous a conduits aux revers. Nous avons été battus
« par des adversaires qui avaient mis de leur côté la prévoyance,
« la discipline et la science : ce qui prouve en dernière analyse,
« que, même dans les conflits de la force matérielle, c'est l'in-
« telligence qui reste maîtresse (1). »

Et Végèse, le grand écrivain militaire, a écrit :

« Peu de gens naissent braves. Plusieurs le deviennent par les
« effets d'une bonne éducation militaire (2). »

Ah! cet axiome est bien vrai, et il parle des Romains qui ont
pourtant conquis le monde!

Néanmoins, un homme, qui a le cœur bien placé, pourra se
battre d'emblée avec dévouement, avec frénésie, un jour, deux
jours, mais ce sera une exception et il ne deviendra véritable-
ment un soldat qu'après avoir passé de longs jours au camp ou
dans la chambrée.

Là, le corps et l'esprit s'accoutument à ces rudes devoirs, à ces
incessantes exigences, à ces austères rigueurs dont se compose la
vie militaire.

Là, on apprécie l'importance de ces *riens* qui font sourire le
niais ou le bourgeois, mais dont l'ensemble constitue une incalculable force de résistance et de cohésion.

Là, s'apprennent les lois de l'honneur militaire, la religion du
drapeau, l'amour de son arme, la fidélité au serment et la mise
en action de ce beau vers de Ponsard :

> • *Le mépris de la mort est l'honneur de la vie.* »

Là, se communique cet esprit de corps qui réunit en un faisceau
toutes les volontés et les subordonne à l'autorité d'un seul
homme : — le supérieur.

Là, dans ce grand foyer de famille, se conserve, vivant et
fécond, le souvenir de tous les exploits; les anciens enseignent
les plus jeunes; ils savent leur redire les belles actions de ceux
qui ne sont plus; le novice qui arrive dans ce milieu ne tarde pas
à se sentir saisi par cette noble contagion du dévouement et du
patriotisme, et il s'assimile bientôt cette grande et fière devise
qui résume en deux mots la vie du soldat :

Honneur et Patrie.

---

(1) De Freycinet, *la Guerre en province*.
(2) Vegetius, *De re militari*, libro III, s.

Là, l'homme s'accoutume à combattre sans colère, à vaincre sans ambition, à triompher sans vanité, et à avoir devant les yeux, à chaque heure du jour et de la nuit, le devoir et l'abnégation pour règle et pour guide.

Lorsque les soldats, ainsi formés et disciplinés, ont appris ces fiers respects et ces mâles vertus, ils sont alors capables de composer une armée. Mais, pour que cette armée soit elle-même capable de marcher à l'ennemi et de lui disputer la victoire, il faut, de plus, qu'elle ait subi de sérieuses épreuves, que ses différentes branches soient liées entre elles par une cohésion parfaite, que les trois armes qui la forment aient, ainsi que le génie et l'intendance, des principes de discipline et des habitudes d'ordre pouvant survivre à tous les relâchements forcés de la guerre, et que, enfin, ses soldats, rompus à la fatigue et à la vie des camps, aient le cœur bien aiguisé.

Il faut aussi qu'elle soit mise en garde contre cette pernicieuse idée que la bravoure française défie tous les obstacles et que l'*impetus Gallicus* ou la *furia francese* n'a besoin ni de savantes combinaisons ni de laborieuses préparations. Il faut surtout que, par sa force et par son instruction, elle soit au-dessus de ces superstitions : — la foi guerrière en son courage et la foi mystique en son étoile.

Strabon a bien pu dire de nos glorieux ancêtres : — « Ils sont « toujours prêts, n'eussent-ils d'autres armes que leur force et « leur audace. Ils marchent droit à l'ennemi, sans s'inquiéter « d'autre chose. »

Mais ces légendes des vieux âges ne sauraient se renouveler à notre époque en face des tactiques et des armements modernes.

C'est en vain qu'on essaie de les faire revivre à l'ouverture de chaque campagne.

Ainsi, après la guerre de Crimée, on s'écriait et on écrivait :

« A quoi bon l'esprit de prévoyance? A quoi bon tant de soins « et d'apprêts? Une poignée d'hommes s'est rassemblée à Mar- « seille, elle s'est embarquée sur un petit nombre de navires, et « elle a cinglé vers la mer Noire.

« Pauvre flotte! pensent tout bas quelques-uns. Et pour- « tant, est-ce que ce manque de préparatifs a empêché nos « troupes d'aborder à Gallipolli, de se porter à Varna, d'envahir « la Crimée? Est-ce que tous ces glorieux noms : l'Alma, Inker- « mann, le Mamelon-Vert, Tracktir, Malakof, Sébastopol, ne

« justifient pas l'entreprise, quels qu'en fussent d'ailleurs les
« combinaisons et les détails ! »

Éternelles légendes ! Éblouissements qui se renouvellent de
siècle en siècle, de victoires en victoires, jusqu'à l'heure où d'ef-
froyables désastres viennent dessiller tous les yeux !

Tristes illusions, hélas ! éclat payé trop cher !

Si la nécessité de se préparer avait apparu davantage en 1854,
il est probable qu'on en aurait tenu plus de compte en 1870.

Toutes ces légendes sont très belles sur le papier ou à la tribune, avec accompagnement de quelques fanfares.

Mais, si l'expédition de Crimée avait été mieux préparée, on
n'eût pas perdu des mois, au milieu du choléra, des marais, des
fièvres de la Dobruscha, à attendre les renforts, les approvision-
nements et les munitions ; on n'eût pas laissé au général Totleben
le temps de rendre Sébastopol presque imprenable ; on n'eût pas
laissé périr cent mille hommes dans les neiges et dans les tran-
chées de cette nouvelle Troie qui a failli ensevelir l'armée française tout entière.

Et, cependant, cette armée de Crimée, elle s'était formée et
bronzée sous le soleil et dans les camps de l'Algérie ; elle était
supérieure à celle qui vainquit en Italie et à celle qui fut vaincue
dans les champs de l'Alsace.

XI

LE VOLONTARIAT D'UN AN

XI

Le Volontariat d'un An.

Pour préparer à la patrie des armées à toute épreuve, pour former des soldats capables de la défendre à toute heure et sur toutes ses frontières, il ne faudrait pas s'imaginer que l'institution naïve du *volontariat d'un an* puisse être d'une puissante efficacité et que, au sein d'une époque de mollesse, de jouissance, de relâchement moral et physique, on puisse compter beaucoup sur ces jeunes gens qui, comme des météores, ne font que traverser les régiments.

Grande serait l'erreur !

Lorsque les promoteurs et les admirateurs de ce nouveau genre de service disent qu'il militarisera et fortifiera la nation, ils mentent ou s'abusent étrangement.

C'est, au contraire, cette invasion civile, sans cesse renouvelée, qui menace d'efféminer l'armée.

Ce fait est grave !

S'il s'établissait à l'état d'institution permanente, il serait plus grave que la perte de milliards, que la perte de forteresses, que les sanglantes boucheries de 93 et que les saturnales du règne éphémère de la Commune.

Après les révolutions, après les émeutes, on peut rasseoir l'ordre ; après les défaites, les glorieux débris d'une armée vaillante peuvent reconstituer rapidement un ensemble redoutable pour l'ennemi ; de nouveaux canons peuvent être fondus promptement et la patrie peut reprendre sa vigueur et son rang.

Mais, quand ces conscrits privilégiés, pour lesquels on cherche à diminuer, à supprimer, autant que possible, les travaux répugnants du service militaire, auront tout ébranlé, tout amolli, comment, à l'instant psychologique, retremper les énergies ? Comment refaire les âmes ?

Il y aura là une impossibilité radicale : cœur de beurre, corps de papier mâché, tout sera faible, mignard, flasque, incapable de vigueur et d'élan ! *Telum imbelle sine ictu.*

Jadis, lorsqu'un fils de famille entrait dans un régiment, il y disparaissait complètement, il se pliait, bon gré mal gré, à toutes les exigences du métier ; il n'y avait que sa fierté individuelle qu'il eût le droit de conserver, et encore devait-elle se soumettre aux duretés des règlements. Il était englouti dans la masse, jusqu'au jour où une action d'éclat, son intelligence, ses bons services, venaient l'en faire sortir, en cousant sur ses manches un petit galon d'or ou d'argent.

C'était alors une joie, une fête, pour celui qui avait atteint ce premier échelon de la pente aride, mais glorieuse, qui conduit au généralat.

Aujourd'hui, il n'en est, certes, plus ainsi !

En sus des exceptions et des exemptions établies en faveur des volontaires d'un an, il y a les influences émollientes de chaque jour, de chaque heure : à peine ces enfants gâtés de la caserne sont-ils incorporés, que voilà les mères, les sœurs, les tantes, les oncles, les cousins, les marraines, les amis, les amies, les nourrices... qui commencent à se diriger vers la garnison de leur *cher petit.* Ils le voient à chaque moment, le plaignent, se désolent de son triste sort, et les honnêtes boutiquiers eux-mêmes s'écrient, les larmes aux yeux, qu'ils n'ont pas travaillé vingt ans dans le commerce pour que leurs fils soient contraints à la souffrance morale et physique, à la mauvaise nourriture, à la mauvaise odeur, à l'affreux fumier, aux dangers des armes à feu et de l'équitation, aux injures du soleil ou de la gelée, aux fatigues des marches pénibles et des vêtements grossiers.

Voici un souvenir qui peint admirablement ces pauvres volontaires d'un an, volontaires qui, nous le répétons, au lieu de retremper leur énergie dans le stage militaire, ne feront, par leur rapide apparition et par leur éducation de Sybarites ou de *petits crevés,* que démoraliser et pourrir l'armée. Il est emprunté à un homme du métier des armes, qui, aujourd'hui, manie la plume comme naguère il maniait l'épée.

— « Il y a quelques années, — dit M. Saint-Genest, dans une de ses pittoresques causeries militaires du *Figaro,* — il y a quelques années, j'allais voir un vieux camarade de mon ancien régiment.

« Il était précisément au milieu de ses volontaires, qui tour-

naient en cercle autour de lui. Comme nous avions fait nos farces
ensemble, c'est-à-dire comme nous n'avions pas toujours donné
de l'agrément à nos chefs : Eh bien! lui dis-je, tes hussards sont-
ils bien diables? Peux-tu en venir à bout?

« — Bien diables!... mon ami, mais ce ne sont pas des hommes que je commande là, ce sont des jeunes filles du Sacré-Cœur!
tu n'es pas dans un quartier, ici; tu es dans un couvent! Moi, je
suis une des religieuses, la sous-maîtresse chargée de donner les
bons points tous les samedis.

« Bien diables, dis-tu? Mais ils ne boivent jamais, mais ils ne
répondent jamais, mais ils ne font jamais de folies! Pourvu qu'ils
aient leur petit café au lait le matin, que leur ordonnance les
attende à la descente de cheval, qu'ils puissent faire leur petite
toilette avec les serviettes anglaises, les doubles brosses, et les
eaux de Lubin, qu'après cela on les laisse sortir avec d'autres
petits jeunes gens bien distingués, comme eux, et pas avec ces
vilains troupiers qui ont de si mauvaises manières, surtout pourvu
qu'ils soient bien sûrs de retourner, au bout d'un an, à leur vie
de famille, ils n'en demandent pas davantage.

« On n'a jamais à les punir; ils apprennent tout ce qu'on
veut : ce sont des modèles de vertu, et des puits de science...
Seulement, mon cher, une fois qu'ils feront campagne, il faudra
des fourgons pour transporter leurs bagages, et des cuisiniers
pour préparer leur nourriture... »

Puis, brusquement, changeant de ton :

« — Ah! vois-tu, on aura beau dire et beau faire, ce n'est
pas avec cela que nous reprendrons l'Alsace et la Lorraine. » —

En effet, ce ne sont pas messieurs les volontaires d'un an qui
rendront jamais à la France l'Alsace et la Lorraine; ce n'est pas
non plus à eux qu'il faudra jamais demander l'allure des glorieux
débris salués, le 31 décembre 1855, à leur retour de Crimée, ni
le brillant de cette splendide armée, à peine effleurée par de
rapides victoires, que Paris et la France entière applaudissaient,
le 14 août 1859, après Magenta et Solférino, pas plus qu'il ne
faudrait leur demander, comme au début de la campagne de 1870,
la ténacité de cette vaillante armée du Rhin qui comptait dans
son sein tant de vaillants!

Cette ancienne énergie, dont on semble se glorifier, n'est qu'un
reste des temps barbares, — disent les rhéteurs, les disciples de
Prudhomme, — puis, est-il possible de confondre ces jeunes

gens avec les autres? est-il possible, objecte-t-on, de ne pas tenir compte des habitudes de la vie, de l'éducation première?

« Eh bien, — répond vigoureusement M. Saint-Genest, — est-ce qu'autrefois il n'y avait pas des jeunes gens de famille dans nos régiments? Est-ce qu'alors la chambrée était plus parfumée, la gamelle plus succulente, le fumier moins repoussant? Ou bien, est-ce qu'à cette époque on avait le palais moins délicat? le nez moins fin? la peau moins tendre? »

Non! non! répondrons-nous à notre tour, le maréchal de Bassompierre n'était pas un va-nu-pieds, lui qui, à chacune des campagnes qu'il fit, vendit une de ses terres pour en payer les frais. Et cependant plus d'une fois, durant ces campagnes, on le vit, pour ne pas quitter sa selle d'armes, boire, sans sourciller,... dans sa botte crottée ou poudreuse.

Non! non! répondrait encore le père Lacordaire: — « Mais autrefois, quand les hommes allaient à pied, les cœurs allaient à cheval! »

Et lorsque nous-même nous évoquons nos propres souvenirs, il nous semble que les conscrits d'hier avaient le droit d'être tout aussi difficiles que ceux d'aujourd'hui. Dans une seule chambrée, celle où nous fîmes nos débuts, il y avait des volontaires comme nous qui s'appelaient le comte de Fitz-James, petit-fils des rois d'Angleterre; le comte de Sabran-Pontevès, petit-neveu du grand connétable; le comte de Salignac-Fénelon, neveu de l'illustre archevêque de Cambrai; le vicomte d'Autichamp-Beaumont, héritier d'une des gloires de la Vendée; des Kersalaun de Kersabieck; des Trazer; des d'Autemarre; des La Meilleraye, etc., etc., tous fiers de leur habit de simple soldat.

En fait de privilèges, il fallait avoir la tête rasée en brosse; en plein hiver, se laver à la pompe, se peigner avec un clou, soigner ses plaies avec un bout de suif... et filer droit.

Aussi, quand sonnait l'heure des grands périls et des grands dévouements, on était sûr de les trouver toujours prêts à suivre, à entraîner même et souvent à dépasser les plus braves.

« On n'a pas besoin de manger de la vache enragée et d'être mangé par des punaises pour devenir un bon soldat, répondent les adversaires de M. Saint-Genest. »

« — Pardon, — riposte-t-il vivement, — pardon, si ces jeunes gens se plaignent déjà des rigueurs de la vie de garnison, comment pourront-ils supporter les rigueurs de la vie de campagne *qui sont cent fois pires!* Si aujourd'hui ils ne peuvent accepter la gamelle, comment pourront-ils manger le biscuit trempé dans l'eau fangeuse ?

« On n'a pas besoin d'être sale pour être brave, dites-vous? » Pardon! il y a une saleté patriotique. Est-ce que les Murat, les Ney, les Pélissier, les Canrobert, n'ont pas su être sales à leurs heures? Est-ce que Frédéric et Gustave-Adolphe n'ont pas eu la vermine? Est-ce qu'à la fin de la campagne de Pologne, lorsque le grand Empereur restait quinze jours sans quitter ses bottes, est-ce que vous vous imaginez que cela sentait bon, par hasard? Est-ce que vous croyez que ces grands capitaines avaient des nécessaires de toilette avec des serviettes anglaises, des doubles brosses, des machines à épiler et de la poudre de riz?

« Non! c'étaient des hommes trempés! trempés pour la fatigue, trempés pour la douleur, trempés pour la mort, trempés pour la saleté.

« Mais aujourd'hui, il n'y a plus d'hommes! Quand on dit que ce sont les fusils qui nous ont manqué dans la guerre de province, c'est faux; ce sont les hommes ou plutôt c'est l'homme. »

Lorsque, après la retraite de Buchy, l'armée de Rouen, composée de troupes improvisées, fuyait, épouvantée, devant les avant-gardes du général de Manteuffel et lorsque le 12e chasseurs avait pour consigne de dénicher les mobiles, mobilisés et francs-tireurs qui se cachaient par centaines, ce n'étaient certes pas les armes qui manquaient, c'était l'énergie, c'était la volonté, c'était l'éducation militaire.

Si tous ces pauvres enfants se sauvaient en sanglotant dans les fermes, tremblant de froid et de peur, c'est qu'ils trouvaient que de semblables souffrances étaient au-dessus de leurs forces et qu'ils ne pouvaient plus les supporter !

Et tous ces innombrables soldats, dont les victoires avaient été si bruyamment annoncées et célébrées d'avance par les grands orateurs des clubs, pleuraient comme des femmes leurs foyers qu'ils n'avaient pas su défendre comme des hommes. *Intelligite, reges! erudimini, qui judicatis terram!* Sinistres farceurs, à qui la tempête livre, soit pour une heure, soit pour un siècle, le sort d'une nation et qui, du haut de vos escabeaux ou de vos encriers,

jugez, condamnez et abolissez les armées, apprenez et comprenez
que, quand un peuple ne sait plus se battre, son indépendance
n'est plus que provisoire ; il ne vit que par grâce ou par acci-
dent.

Nous l'avons vu, hélas! à la lueur des canons prussiens, l'esprit militaire s'affaiblit et décline en France; l'esprit de boutique
et de lucre est en train de le remplacer; la soif de l'or augmente;
le cœur se corrompt et forcément le courage s'altère.

Malheur à la patrie, si quelque bras énergique ne l'arrête
promptement sur cette pente rapide de la décadence!

Malheur si quelque nouveau Salluste ne vient pas lui répéter :

« — Le culte de la gloire fait les grands peuples; l'amour de
« l'argent les tue. »

XII

LA LÉGION D'HONNEUR

XII

La Légion d'Honneur.

Il y a un signe, entre mille autres, qui, pour l'œil de l'observateur, trahit chaque jour en plein soleil cette dégénérescence.

Autrefois, quand on rencontrait dans la rue un homme dont la poitrine attirait le regard par une tache rouge, on pouvait, neuf fois sur dix, affirmer, sans le connaître, que c'était un revenant du champ de bataille et que ce petit morceau de soie écarlate avait été teint avec le sang de ses blessures ou, au moins, avec le sang de l'ennemi.

Ce bout de ruban renfermait parfois tout un poème, et presque toujours il témoignait que le porteur de ce glorieux insigne avait, pendant vingt ans ou vingt fois en un jour, sacrifié sa vie à la patrie.

Cet homme s'appelait un *Chevalier*, c'est-à-dire le défenseur par excellence de tout ce qu'il y a de noble et de grand dans les sociétés humaines.

Sous ce lambeau de pourpre, il y avait une *Croix*, c'est-à-dire le symbole de Celui qui a volontairement donné son sang pour tous et pour rien.

Ce nouveau chevalier était l'un des soldats de cette illustre milice qu'on appelait la *Légion d'Honneur*.

Le grand Capitaine qui, au milieu des ruines de la vieille France et de la Chevalerie française, avait ressuscité ce souvenir des siècles de dévouement et d'héroïsme, connaissait bien le cœur humain.

Il avait compris, dès le premier jour, qu'une croix au bout d'un ruban enfante des héros, comme un chiffon au bout d'un bâton remporte des victoires, parce que l'une est l'emblème du sacrifice et que l'autre est l'image de la patrie.

Son génie lui avait dit aussi que les grandes actions ne se récompensent pas avec de l'argent et que le sang ne se paie qu'avec l'honneur.

Eh bien! aujourd'hui, quand on rencontre un des chevaliers de la République (1), il y a beaucoup de chances que, au lieu d'être un héros ou un vétéran du champ de bataille, ce soit un bonnetier, un parfumeur, un tailleur ou un chocolatier, qui, après avoir décoré son habit neuf de l'étoile des braves, bat monnaie en la mettant sur son enseigne.

Rien de plus déplorable que cette confusion et que cette assimilation.

Rien de plus juste que de récompenser l'homme qui perfectionne son métier et qui, par son intelligence et par son travail, ajoute au bien-être de ses concitoyens ou enrichit son pays en s'enrichissant lui-même.

Mais peut-on confondre l'industriel qui passe tranquillement sa vie dans son atelier, améliorant ses produits et remplissant sa caisse, avec l'homme qui, pour protéger l'atelier, le foyer, le repos et la vie de tous, abandonne, lui, son foyer, sacrifie son repos, sa jeunesse, sa liberté, accepte toutes les souffrances et donne sans hésiter tout le sang de ses veines (2)?

Dans l'armée elle-même, la République a gaspillé ces nobles insignes. Ainsi au mois de mars 1871 il y eut 40,000 propositions pour la croix de la Légion d'Honneur.

Eh bien! si ces 40,000 candidats avaient été autant d'hommes de cœur et de devoir, la France eût été sauvée; car, en tenant compte de l'entraînement qu'exercent les hommes convaincus et froidement courageux, et en ajoutant au nombre de ces candidats les hommes de bien et d'action, que leur jeunesse, leur modestie ou leur obscurité a écarté des listes, on arrive à un total considérable.

Mais, dans ces cohues de prétendants à l'étoile des braves,

---

(1) Curieux colloque : Un député des nouvelles couches sociales qui venait de gagner la croix à la pointe de... ses opinions écarlates, rencontre à une soirée officielle, le chef d'escadrons comte de La Roche d'Oisy et, lui montrant de la main son ruban, il lui dit : — « Eh bien! monsieur le comte, nous « sommes collègues maintenant. » — Le commandant lui répond : « Oui, « c'est vrai, monsieur le député, nos deux croix se ressemblent, mais, heu- « reusement pour moi, elles ne sont pas sœurs. » — et il tourne les talons.

(2) Les autres nations, jalouses de réserver aux défenseurs de la patrie les insignes de la chevalerie militaire, ont créé des Ordres spéciaux pour récompenser le mérite civil.

Lors de l'exposition de 1878, l'Angleterre, nation mercantile cependant, a poussé ce respect du noble métier des armes jusqu'à refuser de laisser transmettre par son ambassadeur, lord Lyons, les croix de la Légion d'honneur données aux industriels britanniques.

que de méprisables passions, que de titres mensongers, que de services personnels, que de prières avilissantes, que de manœuvres honteuses !...

Ah ! si nous ne voulons pas décourager ce qui reste de grandeur et d'héroïsme dans notre société malade, n'exposons pas les hommes de cœur à rougir d'une odieuse promiscuité avec les mendiants de la faveur ou les exploiteurs de la crédulité publique !

Si nous ne voulons pas déshonorer les insignes de l'honneur en les livrant à la risée ou au mépris de tous comme des hochets de vanité, ne les prostituons pas !

Souvenons-nous que, dans tous les pays du monde, les Ordres de Chevalerie ont eu un champ de bataille pour berceau et que ces morceaux de ruban ce sont les reliques des nobles bannières illustrées par nos pères, les lambeaux des glorieux étendards ensanglantés par nos frères d'armes, les souvenirs parlants des grands jours de l'histoire et de la patrie ! Souvenons-nous enfin que, dans toutes les langues de la terre, le titre de *Chevalier* signifie *Soldat !*

XIII

LES ZOUAVES PONTIFICAUX

XIII

Les Zouaves Pontificaux.

Grâce à Dieu, cependant, malgré les mille causes qui, d'en
haut et d'en bas, se conjurent pour affaiblir ou déraciner l'esprit de dévouement et de sacrifice, la vieille vaillance française
survit encore, et elle éclate partout où l'on sait en entretenir le
feu dans des foyers dignes d'elle.

Si, vestale intelligente et fidèle, la République, au lieu de
s'abandonner aux passions qui aveuglent, veut conserver et
ranimer cette flamme sacrée qui est la vie d'un peuple, elle la
verra demain, au premier souffle de la tempête ou de l'invasion,
courir d'une frontière à l'autre et entourer la France entière de
canons tonnants et de poitrines électrisées.

Hier même, au milieu de ses plus épouvantables catastrophes,
quand presque toutes ses armées étaient anéanties, la France
a montré à ses calomniateurs du dedans et à ses ennemis du
dehors ce qu'il peut y avoir d'énergie dans une poignée de ses
enfants.

A côté des nombreuses et inconcevables défaillances qui signa-
lèrent si tristement le règne du Gouvernement de la Défense
Nationale, il y eut cependant quelques glorieuses exceptions : la
plus belle fut celle des *Zouaves Pontificaux*, officiellement appe-
lés : — *Volontaires de l'Ouest*, troupe dont presque tous les soldats étaient des d'Assas et des La Tour d'Auvergne, et dont la
conduite a arraché les applaudissements de la France entière.

Mais, loin de détruire les raisons et les exemples qui ont si
péremptoirement démontré l'insuffisance des armées improvisées,
ils les corroborent par leur petit nombre et leur héroïsme.

D'abord, chacun des hommes qui composaient cette troupe
d'élite avait précisément les vertus et les qualités qui manquent
aux nouvelles couches sociales où l'on prétend trouver et former
si facilement des armées invincibles.

Ils avaient la foi qui fait le héros, l'obéissance qui seule fait les soldats, l'abnégation qui accepte toutes les souffrances, le dévouement qui vit de sacrifices, et ce grand mépris de la mort que donnent les espérances d'en haut !

Leur devise était depuis longtemps déjà cette mâle et séculaire devise : — « *Pro Deo, Rege et Patriâ !* »

Ensuite, la plupart d'entr'eux étaient des soldats éprouvés par plusieurs années de services et rompus aux fatigues par le pénible climat de la Campagne Romaine ; les uns avaient fait la guerre de partisans contre les Garibaldiens et les brigands des Apennins ; les autres avaient appris à Castelfidardo, à Ancône, à Mentana, comment on se bat et comment on meurt.

Après la prise de Rome, la petite armée Pontificale avait été licenciée, et les quelques centaines de Français qui s'y trouvaient encore furent embarqués à bord de l'*Orénoque*, en station à Civita-Vecchia.

A peine débarqués sur les côtes de la France, à l'heure où son drapeau venait d'essuyer ses terribles revers, ils s'empressèrent de solliciter du Gouvernement de la Défense Nationale l'autorisation de former un corps franc, sous le commandement de leur lieutenant-colonel, le baron de Charette.

A Tours, le général Le Fort remit au jeune chef le brevet de colonel et l'autorisation demandée ; et, bientôt, les *Volontaires de l'Ouest*, comptant deux bataillons à six compagnies, forts d'environ 500 hommes chacun et d'un peloton d'éclaireurs à cheval, étaient prêts à entrer en campagne.

Ils furent tout d'abord incorporés au 17e corps d'armée, commandé par un vaillant soldat : — le général de Sonis.

Leur premier engagement fut à Brou. Mais leur grande journée fut le 2 décembre.

C'est alors qu'ils firent sur Loigny, à l'aile gauche de l'armée de la Loire, cette charge à la baïonnette qui illustra à jamais leur nom et celui de Patay.

La nuit qui précéda le combat fut comme une de ces veilles d'armes qui rappellent les belles et grandes scènes du Moyen-Age.

On voyait là l'étendard que les sœurs de Paray-le-Monial avaient brodé pour la défense de Paris, mais qui, n'ayant pu être remis au général Trochu par suite du blocus, avait été envoyé aux Zouaves, sorte de nouvel oriflamme de Saint-Denis dont le colonel de Charette fut autorisé à se servir en guise de fanion.

Là, au milieu des ténèbres d'une nuit d'hiver, un moine à la robe de laine blanche, semblable à un de ces antiques Chevaliers du Temple ou du Saint-Sépulcre, qui montaient à l'autel avant de courir au combat, disait la messe.

Lorsque le Dominicain (1), car c'était un disciple et un frère du grand Lacordaire, étendit la main pour bénir le colonel et la poignée de braves qui se pressaient dans l'étroit sanctuaire, on eût cru voir le nouveau saint Bernard sorti de sa tombe pour prêcher la Croisade en répétant le dernier cri dont il avait, du haut de la chaire de Saint-Roch, fait tressaillir tous les échos de Paris et de la France : *Esto vir!* Soyez homme !

Pour la plupart, c'était la messe des morts ou du moins la prière des agonisants, car, quelques heures après, tous étaient tués ou grièvement blessés.

Comme un incrédule le faisait remarquer plus tard au baron de Charette : « Ma foi, — répondit-il, — nous n'étions pas « allés-là pour avoir la vie sauve. Si on obtenait ainsi un sauf- « conduit en allant à la messe, tous les poltrons y courraient. »

L'action émouvante qui suivit est admirablement résumée en quelques lignes par une plume magistrale habituée à buriner, sous le pseudonyme d'*Ignotus* (2), les scènes les plus palpitantes de l'histoire contemporaine et du cœur humain.

« Le soleil se leva splendide. Ce n'était plus le soleil de fer-blanc des autres jours de la campagne. Des coups de canon le saluèrent aussitôt, comme les canons saluent sur mer, au lever du jour, le pavillon qui monte au mât.

« Il faisait froid. Le terrain était glacé et sonore. L'horizon était clair. Le colonel de Charette dit au comte de Bouillé (3) :

---

(1) Le R. P. Doucet, aujourd'hui passé dans l'Ordre, encore plus austère, des Chartreux.

(2) M. Félix Platel, Avocat à la Cour d'Appel de Paris.

(3) Voici une lettre qui montre l'esprit de sacrifice et d'abnégation qui animait le petit-fils de Bonchamps lorsqu'il s'enrôlait sous les ordres de l'héritier de Charette :

    « Mon cher ami,

« Nous arrivons trois nous mettre sous les ordres: Jacques, moi et mon « cocher (*). Je ne te demande qu'une faveur, et sois bien convaincu que je ne « t'en demanderai pas d'autre : fais-nous mettre dans la même compagnie « qu'Edouard. Au reste, mon cher Athanase, je tiens à te dire que c'est pour « être soldat sous ton commandement que je prends le chassepot et sois bien « sûr qu'un colonel n'aura nulle part de soldat plus discipliné, et que je ne « me permettrai même plus de te tutoyer.

« En attendant, je t'embrasse et suis bien tout à toi.

       « Comte F. DE BOUILLÉ. »

(*) Henri Bourdel, qui ne voulut pas se séparer de ses maîtres et partagea volontairement leurs fatigues et leurs dangers (Notes de l'auteur).

« — Tu es le petit-fils de Bonchamps, porte l'étendard !

« — Non, fait de Bouillé, je ne suis qu'un ouvrier de la dernière heure, donne-le à un autre ! »

« Alors le colonel le remit à M. de Verthamon.......

« Tout à coup, une sorte de brigand d'opéra-comique, à toque de velours et à large ceinture, dresse devant de Charette sa longue taille efflanquée :

« — Mon colonel, je suis le capitaine des francs-tireurs de Blidah.

« — Tant mieux pour vous, mon ami !

« — C'est que je voudrais combattre avec vous !

« — Très facile ! Mettez vous-là avec vos hommes ! »

« Des francs-tireurs de Tours et des mobiles des *Côtes-du-Nord* avaient été joints à la colonne des zouaves. Il s'agissait de marcher sur les batteries prussiennes, ces aboyeuses invisibles, comme les chiennes de la ballade. L'allure correcte des zouaves est comme un cadencement. On dirait qu'ils font vis-à-vis dans quelque menuet prodigieux et solennel. Charette leur montre avec l'épée l'horizon qui apparaît semblable à un vomissement de forge. Cette colonne d'hommes silencieux semble être la condensation du sublime. Il y avait là des tout jeunes et des tout vieux, mais, comme me le disait un des nombreux témoins que j'ai questionnés — qui faisait allusion à l'approche de la mort, égale pour tous : « Blonds ou gris, ils étaient, à ce moment, tous du même âge ! »

« Le colonel de Charette avait défendu de tirer, ils allaient, au milieu de ce vol de fer, sur une plaine nue comme un champ de tir. Quand un homme tombait, on s'écartait un peu pour ne pas marcher dessus. Puis, on reprenait le rang. Devant, à cheval, sont le général de Sonis, — le colonel de Charette, — le lieutenant-colonel de Troussures, — le commandant de Moncuit, — le capitaine-adjudant-major de Ferron, — de Bouillé, aide de camp de Sonis, — Ascouët, aide de camp de Charette. Le général de Sonis fut le premier atteint ; il tomba. Son cheval s'enfuit effaré en faisant claquer les étriers. Tout à coup on voit le lieutenant-colonel de Troussures partir au galop. Il étendit le bras droit, comme pour commander, mais cavalier et cheval étaient blessés à mort. Ils roulèrent l'un sur l'autre. Le porte-étendard, M. de Verthamon est tué raide (1). L'étendard tombe avec lui. Le comte

---

(1) En le voyant tomber, de Charette dit à ceux qui l'entouraient : « Il sera permis à ses amis de le pleurer, mais aussi de l'envier ! » (Note de l'auteur).

de Bouillé était placé entre son fils Jacques et son gendre, M. de Cazenove de Pradines. Il était de grande taille. Sa figure, au regard doux et voilé, était encadrée d'une barbe blonde. Quoique grand-père, il n'avait que quarante-huit ans. Ses épaules puissantes indiquaient une force presque colossale. Déjà il avait dit, en marchant à son fils et son gendre :

« Si un obus éclatait au milieu de nous trois, il y aurait demain « bien des veuves à la maison! » Il prend l'étendard tombé; une balle traverse de part en part sa poitrine, — mais il peut remettre le drapeau à son fils Jacques. Presque aussitôt celui-ci tomba foudroyé. On n'a pas retrouvé son cadavre (1). Homère parle de ces jeunes héros tués, qui disparaissent du champ de bataille emportés par des mains divines !

« C'est au tour de M. Cazenove de Pradines. Mais le bras qui porte l'étendard est broyé. Ces blessures sont faites de bas en haut par les balles des Bavarois couchés dans un petit bois. Charette a son cheval tué sous lui. Il continue à être le magnifique soldat qu'on sait. Mélange de calme et d'entraînement. C'est « le « Fer éprouvé par le Feu » dont parle l'Ecclésiaste. Il commande : « A la baïonnette ! » Le bois est atteint. Les Bavarois sont taillladés sans qu'un seul se relève pour fuir. Le colonel crie : « A « Lorigny! » Le bois est dépassé. On rentre sur la plaine nue. Mais il n'y a presque plus d'hommes debout. Charette a la cuisse traversée par une balle. Il se traîne dans un fossé (2).

« Le soleil se couche à l'horizon qui s'embrume — on dirait d'un gigantesque fer à cheval, chauffé à rouge, qui tombe dans l'eau qu'il fait fumer! La nuit se fait peu à peu sur le champ de bataille. Là sont couchés les trois quarts de ces vivants qui, tout

---

(1) Son corps, reconnu au premier moment par plusieurs de ses camarades, n'a cependant pu être rendu à la sépulture de sa famille, soit que dans la nuit il eût été jeté au milieu des flammes de l'incendie du village, soit qu'on l'ait enfoui dans une fosse commune, où, un mois plus tard, une femme héroïque (Mme Paul de Vigier, sœur de son beau-frère), le rechercha vainement.

On n'a retrouvé de lui, sur le champ de bataille, que son livret de soldat et ses cartes de visites, avec deux lettres de sa femme et de sa mère, qui ne lui avaient été remises qu'au moment de l'action, et que probablement il n'avait pas eu le temps de lire. Jacques de Bouillé n'avait que 26 ans.

(2) Là tombèrent également le général de Bouillé, chef d'état-major du corps d'armée (cousin-germain des deux comtes de Bouillé), grièvement blessé, et le comte Albert de Vogué, tué. Celui-ci était le troisième de sa famille qui ait versé son sang au service de la France, pendant cette campagne. Le premier, Charles-Robert de Vogué, capitaine au 1er spahis et officier d'ordonnance du maréchal de Mac-Mahon, avait été tué à Reischoffen (Notes de l'auteur).

à l'heure, marchaient si fièrement. La neige tombe lente et fine. On dirait d'un frôlement d'ailes — sans doute les âmes frileuses qui s'envolent là-haut !.......

« Ici, aucun parti politique. M. Gambetta a toujours été digne vis-à-vis des zouaves. On sait que plus tard il voulait mettre le général de Charette à la tête d'un corps de 15,000 hommes. Aucun avantage d'une classe de la société sur une autre. — Deux des plus remarquables capitaines de zouaves, MM. Boulanger et Guérin, sont des fils de fermiers. Entraînés par le sublime élan des zouaves, les francs-tireurs et les mobiles partagent la gloire. Les petits mobiles des Côtes-du-Nord sont écrasés comme un vol d'abeilles après la grêle. Les francs-tireurs de Tours sont abîmés. Le chef des francs-tireurs de Blidah, qui avait fait l'apparition fantastique qu'on sait — disparu comme dans une trappe !! Tous, héros anonymes, pour qui le pays devrait tresser une grande couronne, comme dans les églises on fait, à certains jours de l'année, une longue prière pour les martyrs inconnus ! Enfin M. Parmentier a rapporté l'étendard. Il n'est plus blanc : c'est comme un drapeau rouge ! Et la patrie est heureuse aujourd'hui — pardonnez, ô celles qu'aimaient et qui aiment ces glorieux morts — de feuilleter dans son livre sombre ces pages éclatantes (1) ! »

Quelques jours plus tard, placés au 21ᵉ corps, sous les ordres du contre-amiral Jaurès (2), les zouaves donnaient, à la bataille du Mans, les mêmes exemples de fermeté, d'abnégation et de courage.

Estimée à l'égal d'un corps régulier, d'une troupe d'élite, cette Légion eut l'honneur de couvrir la retraite de l'armée de la Loire qui, obligée de se replier encore, alla s'établir en arrière du Mans pour tenter de nouveau de faire tête à l'ennemi.

Les jeunes soldats, les mobiles, les mobilisés ne tiennent plus nulle part.

Tous coulent dans les mains de leurs chefs !

Le plateau d'Auvours, qui est la clé de la position, avait été abandonné ; il faut le reprendre à tout prix.

Dans cette extrémité, le général Gougeard (3) fait un suprême

(1) Une histoire de soldats, *le Figaro* du mercredi 15 janvier 1879.
(2) Aujourd'hui sénateur et ambassadeur près S. M. l'Empereur de Russie.
(3) Général au titre auxiliaire, était capitaine de frégate et devint depuis, comme capitaine de vaisseau, Ministre de la Marine sous le Ministère Gambetta.

appel aux anciens défenseurs du Saint-Siège et, à leur tête, il s'élance à l'assaut des collines (1).

Le plateau fut repris !!.....

« Les Volontaires de l'Ouest se sont montrés héroïques, » dit le général Chanzy, et le général Gougeard écrit :

« Je regarderai comme un éternel honneur d'avoir commandé « à de pareils hommes. »

Oui ! mais aussi ces soldats de dévouement étaient des croyants.

Leurs espoirs sont pleins d'immortalité ! *Spes illorum plena est immortalitate !*

Lecteur, pardonne-moi ces envolées ! Il est bon de dire de temps en temps ces phrases hautes, dans le fier langage à demi perdu de nos pères.

La veille de l'armistice, le contre-amiral Jaurès couronnait ces éloquents témoignages par cet éloquent ordre du jour :

ORDRE DU JOUR.

Mayenne, 27 janvier 1871.

« *Officiers, sous-officiers et soldats des Volontaires de l'Ouest,*

« Un ordre du Ministre de la guerre enlève au 21ᵉ corps les « VOLONTAIRES DE L'OUEST.

« En me séparant de vous avec le plus profond regret, je tiens « à vous remercier du courage, de la discipline et du dévouement « dont vous avez toujours fait preuve.

« Dans nos combats, comme dans nos marches, je n'ai jamais « eu que des éloges à vous adresser et vous étiez pour le 21ᵉ corps « un exemple aussi bien qu'une force.

« Vous porterez ailleurs les nobles qualités qui ont élevé si « haut votre réputation ; mais vous conserverez, je l'espère, un « souvenir d'affection et de confraternité d'armes pour le chef « qui vous a commandés et pour les soldats avec lesquels vous « avez combattu.

« Que Dieu vous garde et vous donne le succès !

« *Le Général Commandant en Chef le* 21ᵉ *Corps,*

Signé : « JAURÈS. »

---

(1) « Le général Gougeard eut son cheval percé de six balles ; le général en chef le nomma, sur le champ de bataille, commandeur de la Légion d'honneur. » Le général Chanzy, *la Deuxième Armée de la Loire*, liv. IV, p. 315.

Enfin, dernier et éclatant témoignage des services qu'avait rendus cette Légion, le Ministre de la Guerre lui offrit de la transformer en un régiment de l'armée. De plus, en raison de leurs anciens services à la cour de Rome, il accordait aux officiers et sous-officiers qui le désireraient, le privilège d'être incorporés avec leur grade dans les troupes de ligne.

Le général de Charette (1) réunit ses officiers pour conférer sur ces propositions. Il leur exposa la gravité d'une acceptation; il leur rappela que les Zouaves Pontificaux s'étaient voués à la défense des droits de la Chrétienté et qu'ils devaient rester libres de pouvoir relever ce drapeau, si les circonstances politiques le permettaient; que si, au jour du danger, ils avaient profité de leur organisation militaire pour défendre leur patrie, c'était l'accomplissement tout naturel d'un devoir sacré, mais que, dans les jours de calme, ils devaient reprendre leur liberté. Il ajouta que l'uniforme dont ils étaient revêtus n'était pas leur bien, qu'il appartenait aux Zouaves Pontificaux de toute l'Europe Catholique et qu'ils n'avaient pas le droit de l'engager sans réserve dans une autre armée.

Le vote fut unanime : remercier le Gouvernement, mais ne pas accepter l'offre, si honorable qu'elle fût pour chacun des membres de la Légion.

Déjà le général de Charette, dans le langage plein de grandeur qui le caractérise, avait fait cette réponse à M. Thiers, au sujet de la même offre :

« Monsieur le Président, mon épée, mon sang, celui de mes « hommes, sont à la disposition de la France, si, — ce qu'à « Dieu ne plaise! — elle en a besoin. Mais, quant à cette faveur, « je la refuse, tant en mon nom qu'en celui de mes hommes, « dont je réponds. »

La résolution fut transmise au Ministre de la Guerre qui licencia les Volontaires de l'Ouest et leur adressa cet ordre du jour digne de figurer parmi leurs plus beaux titres d'honneur :

---

(1) Il avait été élevé au grade de général par M. Gambetta, qui déjà l'avait décoré de la croix de la Légion d'honneur.

ORDRE DU JOUR.

13 août 1871.

« *Officiers, sous-officiers et soldats de la Légion des Volontaires*
« *de l'Ouest,*

« Au moment où la France a été envahie et accablée sous le
« poids des malheurs, vous n'avez pas hésité à venir lui offrir
« votre bras, votre cœur et le meilleur de votre sang.

« Partout où votre belle Légion a combattu, et principalement
« à Cercottes, à Brou, à Patay et au Mans, elle s'est distinguée
« au premier rang par son courage, son dévouement et son élan
« devant l'ennemi, aussi bien que par sa discipline et son excel-
« lent esprit.

« Vous avez montré un noble exemple qui vous fait le plus
« grand honneur, ainsi qu'au vaillant général de Charette, votre
« commandant et votre guide.

« L'armée vous en remercie par ma voix. La Légion des
« Volontaires de l'Ouest va être licenciée, mais je me sépare de
« vous avec la profonde conviction que la France pourra toujours
« compter sur votre valeur et sur votre dévouement contre les
« ennemis du dehors et contre ceux du dedans.

« *Le Ministre de la Guerre,*

« *Signé :* Général DE CISSEY. »

Et voilà comment quatre officiers généraux de la République
ont apprécié, dans leurs jugements officiels, la conduite de ceux
que l'on appelait dédaigneusement les *soldats du Pape!...*

XIV

CONCLUSION

XIV

Conclusion.

« Si, après Sedan, la France avait eu cinq cent mille soldats animés d'un tel esprit et conduits par de pareils chefs, que n'aurait-elle pas pu faire, même en face du flot débordant de l'invasion ? (1) »

Et, cependant elle pouvait mettre et elle a mis sur pied plus d'un million d'hommes.

Mais, pour que ces hommes pussent, grands ou petits, sauver la patrie, il eût fallu que, par une éducation ou une préparation antérieure, ils fussent prêts à remplir la double et sublime fonction qui constitue le soldat : — *obéir* et *mourir !*

Puis, il eût fallu avoir des cadres prêts pour donner un corps et une consistance à ces masses sans cohésion et à ces dévouements sans expérience.

Il eût fallu faire ce que Carnot avait fait quand il avait provoqué et fait exécuter la célèbre loi du 26 février 1793.

Il avait ordonné le démembrement des anciens régiments et la formation des demi-brigades, composées de trois bataillons dont un de volontaires et deux de vieux soldats.

Heureuse inspiration ! De ce mélange habile de la fougue et de l'élan, presque toujours déréglés, du volontaire, même le meilleur, avec le courage froid et l'esprit militaire des anciens du régiment, sortit l'homme qu'on appela le soldat de la République, celui qui devint le soldat de l'Empire et qui devait étonner, vaincre et éblouir l'Europe.

Mais ce soldat, malgré les doctrines énervantes du XVIIIᵉ siècle qui, répandues dans les classes supérieures, n'avaient point eu le temps de pénétrer dans tout le corps social, ce soldat n'avait

---

(1) Paroles de Son Exc. Mᵍʳ Santiago Cattani, archevêque d'Ancira, nonce apostolique près la Cour de Madrid, dans une conversation qu'il eut avec l'auteur.

pas encore appris que la patrie n'est qu'un mot, le drapeau un chiffon et le métier de soldat un métier d'assassin.

Il n'avait pas entendu M. Jules Favre, le député futur ministre, s'écrier à la tribune : « ... *au lieu d'augmenter nos forces, rapprochons-nous sans cesse du désarmement,* » — et M. Eugène Pelletan, le député futur sénateur, lui répondre : — « *Oui, le militarisme, c'est la plaie de l'époque : nous voulons une armée qui n'en soit pas une.* »

Il n'avait pas entendu un homme d'État français dire et écrire :

— « N'est-ce pas un être fictif, dépendant uniquement des conventions humaines, qui, sous le nom de patrie, se place entre l'humanité et la famille ? Qu'est-ce que la Patrie ? Le sais-je ? Quel préjugé plus soigneusement entretenu que celui-là ? On ne nous le présente jamais qu'avec des images héroïques ; tout le monde enfle sa voix pour en parler il semble que c'est la plus belle vertu ! On fait, à force d'art, de singulières créations dans le cœur humain.

Quoi de plus difficile que de persuader à cent mille *hommes grossiers* qu'ils doivent se faire hacher pour sauver quelques mètres de soie tricolore attachés à un piquet ? On y parvient pourtant. Et que faut-il pour cela ? De grands mots et quelques fanfares ! »

Vous ne savez pas ce que c'est que la patrie, grands apôtres du dix-neuvième siècle !... Vous appelez *hommes grossiers* ceux qui se font tuer pour la patrie !... C'est votre droit ! Mais c'est notre droit aussi de nous honorer d'avoir été de ces *grossiers*-là, qui, pour elle, meurent l'épée à la main, et qui, pour elle, se font *crever* la poitrine par les balles ennemies !

Maintenant, pour ceux dont les sentiments se placent au-dessus de ces préjugés patriotiques, rien de plus naturel et de plus logique que d'envoyer leurs fils se promener loin des champs de batailles, pendant que les esclaves des naïves croyances d'autrefois disputent le sol français aux Prussiens et « *se font hacher pour sauver quelques mètres de soie tricolore attachés à un piquet.* »

Pour achever l'instruction de ces enfants de la France qui, jusqu'alors, n'avaient connu ni la honte ni la couardise, on aurait pu ajouter : — « Qu'est-ce que la croix ? cette croix pour laquelle des millions de martyrs ont sacrifié leur vie et donné leur sang ? — C'est un gibet où l'on pendait les voleurs et les assassins ! »

Il est vrai que le comte de Montlosier, qui, certes, n'était pas un Jésuite, avait répondu d'avance :

« C'est une croix de bois qui a sauvé le monde ! »

Le général Ambert avait aussi répondu d'avance :

« Qu'est-ce donc que le drapeau ? Si vous n'avez au cœur des
« croyances, si votre âme est muette, si votre esprit rejette la foi,
« vous ne le comprendrez jamais !

« Le drapeau est le clocher du village ; il abrite le régiment ;
« on vit sous son ombre, et sous son ombre on meurt. Dans ses
« plis glorieux, il renferme l'honneur du corps, l'honneur de la
« France. Il est le point lumineux où se rencontrent tous les
« regards ; loin de la famille et de la patrie, il rappelle la fa-
« mille et la patrie ; il est la relique du régiment. »

Ah ! certes, pour celui qui concentre tout dans la matière,
pour celui qui ne voit dans une croix qu'un morceau de bois,
dans un drapeau qu'un morceau de soie, dans une tombe qu'un
monceau d'ossements, le dévouement est un non-sens, le sacrifice une absurdité, l'héroïsme une folie !!!

Quand on a vu, tout autour de son berceau, encenser le veau
d'or comme le seul Dieu de la patrie et célébrer le bien-être
comme le seul but de la vie, on n'aime pas à donner son sang
pour cinq sols par jour.

Et voilà pourquoi, après avoir entendu les grands apôtres de
la République universelle, les docteurs de la philosophie positi-
viste, du socialisme, du nihilisme et de toutes les pompeuses
incarnations du matérialisme nouveau, beaucoup des jeunes
citoyens de la France nouvelle ont parfois hésité, quand il s'est
agi d'abdiquer leur volonté devant un chef représentant une
fiction et d'exposer leur poitrine devant un canon pour défendre
une chimère.

Donner sa vie, surtout quand on vous a dit qu'il n'y a rien
après, c'est chose grave, et il faut des raisons sérieuses pour vous
décider à un pareil sacrifice.

L'homme est le véritable instrument de combat. Mais, il ne
faut pas l'oublier, « ce n'est ni un instrument inerte, ni un être
« de raison. Il est corps et âme, et, si forte que soit l'âme, elle
« ne peut dompter le corps à ce point qu'il n'y ait parfois révolte
« de la chair et trouble de l'esprit en face de la destruction (1). »

Les grands capitaines, les hommes de guerre les plus ardents
et les plus vaillants : Duguesclin, Henri IV, Crillon, Turenne

_____

(1) Le colonel Ardant du Picq, *Étude sur le combat*, p. 8.

Fabert, etc., ont eux-mêmes subi, au début d'une affaire, ce fré-
missement de la chair, sorte de tribut que les plus forts paient
souvent à la faiblesse humaine.

Eh bien ! de tous les sentiments qui élèvent le cœur de l'homme
et qui lui permettent de lutter avec succès contre son hésitation
naturelle, « le plus puissant est incontestablement le sentiment
« religieux, où le soldat puise l'espérance qui le soutient et le
« fortifie (1). »

« Je puis dire, avec vérité, — a écrit le maréchal de Montluc,
« — que plusieurs fois je me suis trouvé, en voyant les ennemis,
« en telle peur que je sentais le cœur et les membres s'affaiblir
« et trembler ; puis, ayant fait mes petites prières, je promets et
« atteste, devant Dieu et les hommes, que je sentais tout à coup
« comme une chaleur au cœur et aux membres, de telle sorte
« que je ne les avais pas achevées que je me sentisse tout autre
« que quand je les avais commencées ; je ne me sentais plus de
« peur (2). »

Effectivement, jamais soldat n'aborda l'ennemi d'un cœur plus
ferme.

Ce tressaillement de crainte que le brave de Montluc a parfois
ressenti, combien d'autres vaillants aussi ne l'ont-ils pas éprouvé
et ne l'éprouveront-ils pas dans l'avenir ?... Car, au milieu de toutes
les transformations qu'ont subies les choses de ce monde, la na-
ture humaine est restée la même. Le cœur de l'homme n'a pas
changé. Il renferme toujours les mêmes passions, les mêmes
craintes et les mêmes espérances. Devant le danger, il subit et
subira les mêmes défaillances et les mêmes émotions.

Plus qu'aucun autre, le soldat « se sent sous la main de
« Dieu (3) » et « a besoin de croire à une autre vie pour accepter
« virilement l'idée du sacrifice (4). »

Ce n'est pas avec de l'argent qu'on peut acheter la vie de
milliers d'hommes.

Le vicomte de Bonald a dit : — « Il n'y a pas de société assez
« riche pour payer tous les services. »

Sans insulte, nous ajouterons : — « Il n'y a pas de Répu-

---

(1) Le général Berthaut, ministre de la guerre, *Principes de stratégie. Étude
sur la conduite des armées*, liv. V, p. 392.
(2) Le maréchal de Montluc, *Commentaires*, p. 614.
(3) Camille Rousset, *Histoire de la guerre de Crimée*, t. II, p. 135.
(4) Le général Berthaut. Ouvrage déjà cité.

blique, si riche qu'elle soit, qui puisse payer le sacrifice du sang. »

Jean-Jacques Rousseau lui-même avait déjà dit : — « Il y a « des métiers si nobles qu'on ne peut les faire pour de l'argent, « sans se montrer indigne de les faire : tel est celui de l'homme « de guerre. »

Or, si, d'une part, la patrie ne peut payer la vie d'un soldat avec de l'argent; si, de l'autre, on enseigne aux citoyens que la patrie n'est qu'un préjugé, le drapeau qu'un chiffon, le soldat qu'un assassin; si on leur enseigne, enfin, que la vie d'ici-bas est la seule vie et que la jouissance est le seul but de l'existence, comment trouver des soldats qui se fassent tuer pour la patrie ?

Les nations qui veulent vivre feront donc bien de ne pas s'imaginer qu'elles peuvent se passer d'armées permanentes et de croyances religieuses.

Elles feront bien de méditer ces deux épigraphes que le général Ambert a placées dans son éloquent livre : SOLDAT !

— « Les armées permanentes empêchent seules aujourd'hui la « Civilisation d'aller se perdre dans la Barbarie. » (*Donoso Cortès*).

— « Les trois éléments qui font un peuple fort sont les croyan- « ces, le patriotisme et le courage. » (*Comte Eugène de Civry.*)

Elles feront bien de se souvenir aussi de cette conclusion du général de Jomini, dans son incomparable *Précis de l'Art de la guerre :*

« — Ce fut à l'assemblage des vertus civiques et de l'esprit mili- « taire passé des institutions dans les mœurs que les Romains « furent redevables de leur grandeur. Lorsqu'ils perdirent ces « vertus et que, cessant de regarder le service militaire comme « un honneur autant que comme un devoir, on l'abandonna à « des mercenaires, la perte de l'Empire devint inévitable. »

Qu'on se souvienne de la menace prophétique du maréchal Niel répondant, en 1868, à un éloquent apôtre des doctrines nouvelles :

— « Vous ne voulez pas d'une France caserne ? Eh bien ! vous « aurez une France cimetière ! »

Qu'on n'oublie pas surtout que l'immortel Donoso Cortès a résumé le problème social dans ces quatre lignes :

— « L'Église et l'Armée sont aujourd'hui les deux représentants « de la Civilisation européenne, parce qu'elles sont les seules « qui conservent intactes les notions de l'inviolabilité de l'auto-

« rité, de la sainteté de l'obéissance et de la divinité du sacri-
« fice. »

Faire des hommes qui sachent obéir et qui sachent mourir,
c'est une chose qui ne s'improvise pas, et c'est la chose d'où
dépend le sort, la grandeur, le salut d'une nation.

TABLE DES MATIÈRES

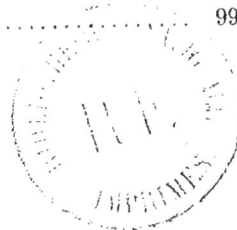

Paris. — Imprimerie L. BAUDOIN et Cᵉ, rue Christine, 2.

DU MÊME AUTEUR

———

Un Engagement de cavalerie. — **Combat de Buzancy** (27 août 1870).

La camisade d'Étrépagny (29 novembre 1870).

Le duc de Chartres, colonel du 12e régiment de chasseurs.

Sedan et Iéna. Grands désastres et grands exemples.

———

SOUS PRESSE :

Histoire de la campagne de 1870-1871.

———

PARIS. — IMPRIMERIE L. BAUDOIN ET Cᵉ, RUE CHRISTINE, 2.

www.ingramcontent.com/pod-product-compliance
Lightning Source LLC
Chambersburg PA
CBHW060559100426

42744CB00008B/1248